Entre deux fêtes

Illustration de la page couverture : Anik Lafrenière

Les photos ont été reproduites avec la permission de Charles Authier, Murray Mosher et de l'Agence de presse Keystone.

ISBN 2-7604-0312-2

Dépôt légal : troisième trimestre 1987

Données de catalogage avant publication (Canada)

Lefebvre, Jean-Paul, 1926-
    Entre deux fêtes
    Comprend un index
    ISBN 2-7604-0312-2

    1. Québec (Province) — Politique et gouvernement — 1960-1976.
2. Relations fédérales-provinciales (Canada) — Québec
(Province). 3. Nationalisme — Québec (Province). I. Titre.
II. Titre : Entre 2 fêtes.
FC2925.2.L43 1987   971.4'04   C87-096299-X
F1053.2.L43 1987

IMPRIMÉ AU CANADA

Jean-Paul Lefebvre

Entre deux fêtes

La politique au Québec, de 1966 à 1976.
Ce qui s'est passé entre la révolution tranquille et
l'avènement du Parti québécois, raconté par un
participant à l'action.

Stanké

À mes amis, de toutes tendances,
qui m'ont aidé à réfléchir sur notre
destin collectif ;

À celle qui partage depuis quarante ans
mon destin individuel ;

Aux jeunes Québécois qui devront
choisir, pour leur génération,
entre le nationalisme et la démocratie
sociale.

PRÉFACE

par Pierre Dansereau

Le témoignage de Jean-Paul Lefebvre a une valeur exceptionnelle, à mes yeux, car il n'est ni partiel ni partial. Il nous apporte une vision du bien commun qui redonnera du cœur à ceux qui, ces derniers temps, sont tentés de perdre l'espoir.

Pour chacun de nous, c'est un exercice difficile de nous ménager des temps de réflexion quand il nous faut agir et prendre position quand nous avons atteint un palier dans notre itinéraire intérieur.

Pour penser il faut avoir le don de l'analyse, la capacité de séparer les questions et de se dégager de sa propre motivation. Pour agir, il faut savoir mettre un terme à ses hésitations ; il faut avoir la force de s'exposer et il faut croire à l'utilité et à l'opportunité de ses interventions.

Je n'ai pas besoin de faire le procès ni de nos intellectuels, ni de nos politiciens, ni de nos révolutionnaires pour signaler le singulier équilibre qu'atteignait Jean-Paul Lefebvre dès le début de sa carrière. Je n'ai pas non plus à retracer les étapes de son cheminement pour retrouver les diverses manifestations de cette équanimité qui le caractérise et qui s'allie à la plus authentique compassion. L'homme qui animait « Joindre les deux bouts[1] » est très présent dans le mémoire qu'on va lire.

---

[1] *Titre d'une émission de télévision très populaire dans les années 60.*

Si sa modestie le tient un peu en deçà du ton autobiographique il me semble que toute la candeur possible s'y révèle et que l'auteur ne nous cache rien de ses sentiments ni de la nature de sa participation aux événements qu'il décrit.

Il a vécu les moments les plus pénibles de l'oppression duplessiste et il a été associé intimement au mouvement de renaissance et de rattrapage des années soixante. La fusée de la révolution tranquille a jeté le Canada français dans l'orbite d'un vingtième siècle pourtant déjà décadent. Mais les années 60 ne devaient pas s'achever sans un flanchement de ce progrès peut-être trop subit (et trop subi ?).

C'est cette perte d'haleine et cette remise en question qui nous sont décrites dans le présent mémoire. Les historiens de cette époque, instruits et assagis par ce qui se sera passé en 1971-1975, attacheront certainement beaucoup d'importance au témoignage de Jean-Paul Lefebvre. Ceux d'entre eux qui s'attacheront de plus près aux faits trouveront ici une chronologie sûre et un compte rendu des échanges entre personnes également authentique. Ceux qui chercheront à retrouver la voix des acteurs les plus engagés dans le combat qu'ils menaient accorderont à Jean-Paul Lefebvre la plus haute crédibilité.

Je pense surtout que l'intérêt des lecteurs sera puissamment soutenu par la présence d'un homme à la fois vulnérable et courageux, à la fois capable de réfléchir et d'agir. Si je parle de vulnérabilité, je veux faire allusion à l'extrême sensibilité de l'auteur de ces pages vis-à-vis de la pauvreté, de l'ignorance, des frustrations de ses compatriotes. Quant au courage, il consistera toujours à être soi-même et à accepter les conséquences des décisions prises de bonne foi.

C'est pour moi un plaisir bien rare de signer la préface de ce mémoire. Si je n'étais un ancien compagnon d'armes, et si je n'étais demeuré un ami fidèle, je trouverais encore bien des motifs, que j'ai exposés ci-dessus, de m'associer à ce témoignage, car j'en vois d'abord la valeur humaine et sociale, qui dépasse de loin les adhésions politiques précises.

PROLOGUE

Entre deux fêtes

Vous est-il arrivé de recevoir chez vous, le soir du jour de l'an, des gens qui avaient célébré de joyeuse façon la fin de l'année ? Ni vêtements neufs ni fards généreusement appliqués ne peuvent, en ces circonstances, cacher les pieds ronds, les paupières lourdes, les estomacs en tempête. Surtout, surtout, un certain besoin de repos.

Les peuples, c'est normal, ressemblent aux gens ordinaires, dont ils sont formés. C'est sans doute pourquoi les périodes d'activité fébrile sont suivies d'un temps mort. Mais les sociétés, si j'en crois ma petite expérience, ne sont jamais vraiment au repos.

Quelles fêtes ?

Bien sûr, il s'agit tout d'abord de la révolution tranquille : le Québec dévorant à pleine gueule la modernité... et le faisant dans une relative unanimité. La fête suivante, ce devait être la prise du pouvoir par le Parti québécois, en 1976. Cette fois c'est sous le signe d'une polarisation très nette que l'expérience fut vécue.

Ma chronique des années 1966-70 évoque les mésaventures d'un parti politique, le Parti libéral du Québec mais aussi le vieux débat québécois, entre le courant nationaliste et une école de pensée moins facile à nommer mais que l'on pourrait qualifier de sociale, de populiste... ou de social-démocrate, si ce dernier terme n'avait été si galvaudé.

La période 1966-70, durant laquelle j'ai représenté le comté d'Ahuntsic à l'Assemblée législative (devenue l'Assemblée nationale), a été riche en rebondissements dans l'aventure collective des Québécois. C'est pourtant une étape peu connue des jeunes, et des moins jeunes. Il faut dire que les ouvrages qui en traitent sont encore très rares. Je m'étonnais, tout récemment, du peu de place que René Lévesque a choisi de consacrer, dans ses mémoires, à la période qui l'a conduit, et plusieurs personnes avec lui, du Parti libéral du Québec au M.S.A., puis, au P.Q. Comme le lecteur pourra le constater ici, le futur ex-premier ministre du Québec s'était débattu un bon moment dans les cadres de l'équipe qui fut défaite le 5 juin 1966.

La polarisation que le Québec a connue dans les années 80 était déjà contenue dans une lettre du député de Laurier à sa nouvelle recue, le député d'Ahuntsic. (voir p. 28)

La relecture de mon manuscrit, après treize ans de service dans la Fonction publique fédérale, a soulevé un paradoxe dans mon esprit : les sociétés bougent à la fois vite et lentement ! Depuis la rédaction de mon journal, plusieurs de mes personnages ont changé de rôle, tandis que d'autres ont terminé leur tour de piste. Le futur-ancien-nouveau premier ministre du Québec, Robert Bourassa, est même ressuscité ! En parallèle avec ces changements dramatiques dans la répartition des rôles, je suis frappé par une certaine continuité dans les choix politiques qui s'offrent, et tout autant par les fluctuations importantes de la popularité de ces diverses options auprès de l'ensemble des citoyens.

Faut-il considérer le nationalisme comme le fondement d'une philosophie et d'un programme politiques ? Le débat ne fut pas tranché durant la période sous examen ici. Le fut-il de façon définitive par le référendum ? Je le souhaite et je le crois. Je ménagerai cependant mes talents de prophète et me contenterai de suggérer à mes lecteurs que la période 66-70 est riche d'enseignements sur les prémisses de ce grand débat.

La chronique du député libéral d'Ahuntsic a été rédigée très peu de temps après les événements. Il m'a semblé préférable de ne pas tenter une « mise à jour ». Par exception, en de rares endroits, j'ai ajouté une note datée de 1987. Dans ce cas, le texte est en italique, donc facile à identifier.

Sans qu'il me soit nécessaire de modifier mon manuscrit de 1972, je me dois de fournir ma version, abrégée et candide, du rôle que j'ai joué dans la démission de Jean Lesage. L'interprétation que plusieurs commentateurs avaient faite des événements à l'époque m'avait grandement, disons étonné, quelque peu déçu et beaucoup embarrassé.

Depuis plusieurs mois, Jean Lesage était en chute libre. Son successeur le plus probable était Claude Wagner, l'ancien ministre de la Justice. Ce dernier avait été mon confrère de classe durant quelques mois au collège. Lorsque nous nous sommes retrouvés dans le même caucus (je ne voudrais pas me permettre ici un jeu de mots trop facile sur notre déconfiture commune de juin 66), je n'ai pas mis de temps à constater que je n'étais d'accord avec lui sur aucun sujet, sauf la température... et encore !

J'ai donc agi pour bloquer Wagner et non pour couler Lesage. Mais toute cette histoire n'aurait aucun intérêt, sauf pour ma famille, si des enjeux politiques majeurs n'avaient été impliqués. Comme l'histoire a tendance à se répéter un peu, d'une fois à l'autre...

J'ai parlé ci-dessus de bloquer Wagner, qui représentait l'extrême droite, à l'intérieur du Parti libéral. Mais il s'agissait aussi et surtout de former une équipe qui puisse redémarrer la révolution tranquille, maintenant en panne sèche, sans faire appel à l'ambiguïté du vieux nationalisme québécois auquel mon ancien collègue et ami René Lévesque tentait de refaire une beauté ! J'ai donc tracé le portrait robot de l'homme que j'aurais souhaité voir à la barre. Cet homme s'appelait Jean Marchand. En 1969, Jean Marchand avait derrière lui un quart de siècle d'action syndicale, sociale et politique. Il avait démontré des talents exceptionnels de rassembleur, de créateur et de stratège.

Notre projet ne consistait pas seulement à placer Marchand à la tête du parti mais à recruter une équipe forte. Inutile de rappeler que le départ de Lévesque, avec la plus grande partie de l'aile progressiste du Parti libéral, suivi de près par la démission de Paul Gérin-Lajoie, avaient réduit considérablement la capacité innovatrice de notre formation politique.

Quant à la théorie du complot fédéral pour investir le Parti libéral provincial, elle ne fait pas honneur à ceux qui l'ont véhiculée. Je sais, parce qu'il me l'a dit lui-même, que Pierre Trudeau, alors premier ministre du Canada et chef du Parti libéral fédéral, n'était pas favorable à la candidature de Marchand. Il m'avait dit craindre que cette nouvelle aventure et les responsabilités éventuelles qu'elle représentait ne soit une épreuve trop dure pour la santé de celui qui l'avait entraîné au Parti libéral du Canada. J'ai cru, pour ma part, et je crois encore, que Trudeau n'était pas enchanté à l'idée d'avoir à négocier avec « l'ami Marchand ».

Pour les abonnés à la théorie du complot, je noterai aussi qu'aucun des candidats que nous avions pressentis, sauf Marchand bien sûr, n'était impliqué en politique fédérale.

*Je me suis trouvé mêlé à une si noble cause... presque par acci-
dent ! Comme Gérard Pelletier l'a rapporté dans le dernier tome de
ses mémoires, j'avais décliné, en 1965, une pressante invitation à
me joindre « aux trois colombes », au plan fédéral. Deux choses
m'avaient retenu : le fait que mes cinq enfants soient encore jeunes,
mais aussi l'importance que j'attachais à mon travail de directeur-
fondateur du Service de l'éducation des adultes à la C.E.C.M. C'est
précisément pour débloquer ce fameux dossier que je me suis laissé
convaincre l'année suivante d'embarquer, avec un équipage que je
connaissais beaucoup moins bien, dans un bateau qui prit l'eau dès
que nous eûmes quitté le port !*

*En 1969, j'ai tenté, avec d'autres, de renflouer le navire. Ce
fut peine... peut-être pas perdue, même si l'objectif n'a pas été atteint.*

*Je ne poserai aucun jugement sur le gouvernement qui fut élu
en 70 et réélu en 1973, sauf pour dire qu'il était différent du projet
auquel je viens de faire allusion.*

*Ayant volontairement mis un terme, en avril 1970, à ma courte
« carrière » de député, je devais me trouver du boulot. Mon premier
choix eût été le journalisme. Mon deuxième de reprendre du service
dans le secteur de l'éducation des adultes. Il me fallut pourtant me
rendre à l'évidence : j'étais « classé » comme un partisan et peut-être
aussi un peu comme un « maverick ». Il faudrait sans doute plusieurs
années pour me faire pardonner... quoi ? Mais n'oublions jamais le
vieux principe : « Ce qui est perçu l'est à la façon de celui qui perçoit. »*

*Puisqu'il en était ainsi, j'avais une autre option : rester en poli-
tique. Les trois colombes, avec qui j'aurais normalement dû m'engager
en 1965, puisque cette équipe constituait mon milieu naturel, ne
manquaient pas de boulot à faire pour transformer le Parti libéral
fédéral en un mouvement politique. Pour l'instant, c'était encore, très
largement, un parti d'organisateurs. Or, j'avais travaillé pendant
dix ans avec Marchand et Pelletier à consolider les assises démocratiques de la C.S.N. J'avais travaillé une année complète avec Trudeau
dans l'éphémère aventure du Rassemblement... Je me sentais certainement beaucoup plus près de ce groupe d'hommes que de mon ex-
collègue, le député de Mercier, qui était devenu, en avril 1970, le
premier ministre du Québec. Je crois qu'il en allait de même des
dirigeants du Parti libéral du Canada.*

*En juin 1970, je suis donc devenu, avec l'accord du premier
ministre Trudeau, directeur général du Parti libéral du Canada
(section Québec). Je travaillerais surtout pour et avec Jean Marchand,
ministre responsable du Québec. Je ne devais y rester que dix-huit
mois. Ce furent quand même des mois bien remplis. Ce n'était pas*

mince besogne que de constituer un forum pour les débats démocra-
tiques sur des matières de politique fédérale dans le Québec de 1970-
71.

Une partie de ma chronique porte donc sur la politique fédérale,
telle que vécue par quelqu'un qui croit au fédéralisme et à la démo-
cratie.

Au début de 1972, je quittai la permanence du Parti libéral et
faillis réussir dans mon ambition de devenir scribe à plein temps dans
un journal. Pas de chance, celui-ci changea de propriétaire à la toute
veille d'une entente... Qu'à cela ne tienne, je serais scribe quand
même. Je fis de la pige pendant quelque temps. Puis, l'occasion se
présenta pour moi de revenir à un dossier qui m'avait toujours fort
intéressé : l'Éducation des adultes. J'entrai à la Fonction publique
fédérale comme directeur général du Programme de Formation de
la main-d'œuvre. Je n'en continuai pas moins de tenir ma petite
chronique personnelle sur la politique au Québec.

En 1976, le Québec a connu le nationalisme au pouvoir. Non
plus à la manière de Duplessis, dont les gens instruits avaient honte,
mais un nationalisme que l'on disait nouveau, différent, ouvert...
Beaucoup de Québécois, dont plusieurs de mes amis, y ont cru...
Certains y croient encore. C'est une histoire à suivre.

Pour ma part, j'espère, comme je le souhaitais en 1969, que
d'autres projets de société jailliront des forces vives du Québec, c'est-
à-dire des jeunes générations. Le monde est froid s'il n'est pas habité
par quelque vision d'avenir. Et la politique, avec toutes ses misères,
demeure un véritable laboratoire où l'on construit les sociétés, avec
des idées.

J.-P.L.

Saint-Sauveur-des-Monts
Juin 1987

PREMIÈRE PARTIE

L'ÉQUIPE DU TONNERRE ÉCLATE

L'équipe du tonnerre, c'est le nom que l'on avait donné à l'ensemble des candidats libéraux aux élections générales de 1960. Elle était dirigée par Jean Lesage.

En 1966 cette équipe, à laquelle s'étaient ajoutées de nouvelles recrues, fut battue par l'Union nationale. Elle devait éclater durant son stage dans l'opposition.

Pour plonger rapidement dans les circonstances de cette aventure politique, et comprendre la vie d'un groupe parlementaire dans l'opposition, je propose aux lecteurs de placer le 7 décembre 1967 avant le 5 juin 1966. Que les historiens me pardonnent !

LA POLITIQUE, EST-CE DU THÉÂTRE ?

Si vous occupez une fonction élective, c'est que vous avez eu le concours de plusieurs personnes. Viennent en premier lieu les gens qui ont voté pour vous, puis ceux qui n'ont pas voté contre vous. Il y a ceux qui ont parlé en votre faveur, et ceux qui ont dit de telles énormités sur votre compte qu'ils se sont discrédités et vous ont ainsi avantagé. Puis, au delà des agirs personnels, il y a la série interminable des circonstances historiques, climatiques, nationales et internationales, tragiques ou comiques, nobles ou viles... qui ont fait que les dés ont marqué 2 ou 12. Dans ce méli-mélo de motivations, d'humeurs, de frustrations, d'espoirs, de générosités, toute une humanité se démène au sein de laquelle vous pouvez, *a posteriori*, identifier une partie de ceux qui vous ont aidé en voulant le faire et ceux qui l'ont fait sans le vouloir.

Le 13 décembre 1967, tous les députés libéraux à l'Assemblée législative du Québec, à quelques exceptions près, s'étaient donné rendez-vous dans une maison de retraite des Sœurs Grises, à Châteauguay.

Dans la lettre de convocation, dans l'esprit des participants, aussi bien que dans la monition d'ouverture de Jean Lesage, cette fin de semaine était destinée à de véritables « retrouvailles ». On espérait recoudre les déchirures produites par les congrès de 1966 et 1967 et, refaisant l'unité du parti, donner aussi un sens à l'action de l'aile parlementaire. En quittant le Parti libéral, en octobre 1967, René Lévesque avait amené avec lui plusieurs centaines de militants.

Le programme du caucus extraordinaire avait été fort bien préparé. Dès la première séance, chacun des participants fut invité à présenter un bref commentaire sur la situation politique au Québec et sur la position du parti. Ayant pris l'habitude de conserver mes notes d'intervention, je puis verser au dossier un extrait de ma propre allocution :

> « Pour maintenir la paix sociale et assurer son progrès, le Québec a besoin d'un meilleur équilibre des forces politiques. Les courants de contestation de l'ordre actuel des choses sont puissants dans notre société mais ils sont étouffés au sein de nos deux grands partis. Ceux-ci risquent de devenir tellement semblables l'un à l'autre que l'un disparaîtra peut-être à brève échéance au profit d'une formation politique improvisée qui deviendra l'expression de tous les mécontentements à la fois, constitutionnels et autres.
>
> Cette aventure n'est pas sans péril car elle ne saurait se réaliser qu'à la faveur d'une profonde équivoque. Accompagné ou non de violence, un tel changement aura le caractère d'une révolution. Comme tous les globalismes, il risquera de véhiculer l'intransigeance, le fanatisme et l'intolérance. Il y a chez les jeunes, chez les femmes, dans les syndicats, dans les coopératives, dans les élites rurales, dans le milieu enseignant autant de foyers de contestation de l'ordre établi et de sources possibles de réjuvénescence de la pensée politique. Or notre parti, en dépit des apparences, est dominé par un groupe très fermé, à la fois au point de vue de l'âge et du milieu social. L'aération, l'ouverture à d'autres sources de pensée, qui s'étaient manifestées de 1960 à 1966, ont été bloquées depuis la défaite[1]. »

L'incident majeur de la fin de semaine devait se produire lors de la séance de clôture. Le chef du parti, Jean Lesage,

---

[1] *Mes pronostics, direz-vous, étaient assez diversifiés pour être justes ! Un peu comme les prévisions d'Alcide Ouellette... un peu de vent, un peu de pluie, un peu de soleil... Je n'en continuerai pas moins de prétendre, en toute modestie, cela va de soi, que le parti aurait pu être plus attentif à ce qui s'en venait.*

se présenta à la réunion la mine basse. Il semblait épuisé. Nous savions qu'on avait veillé très tard dans certains coins du monastère... Était-ce là la seule explication ? Les profondes divergences de vues qui subsistaient au sein du caucus, en dépit des efforts de réconciliation, n'étaient sans doute pas étrangères à cet état de découragement chez le leader. Le mot n'est pas trop fort. On le verra bien dans un instant.

Jean Lesage amorça ses remarques de conclusion en disant que le moment était sans doute venu pour lui de quitter la direction du parti. Cette première phrase eut l'effet d'une bombe au sein du caucus. La surprise dépassait de beaucoup les regrets. Si l'on se rappelle les déchirements qu'avait connus le parti depuis la défaite de juin 1966, on comprendra que beaucoup de députés n'étaient guère tentés de faire obstacle au découragement du chef. Certains semblaient pourtant atterrés à l'idée que quelques instants plus tard, en sortant de la salle du caucus, M. Lesage devrait affronter la meute de journalistes qui attendaient de connaître les résultats de notre retraite fermée. L'atmosphère de la salle était lourde et les esprits étaient plutôt divisés quant à la tournure dramatique des événements. Personne ne semblait vouloir ajouter un commentaire. Effectivement, lorsque M. Lesage eut terminé ses remarques, le président du caucus, Pierre Laporte, se leva et attaqua un mot de la fin qui visait à donner congé aux députés et à déclarer les assises closes. Tout simplement !

C'est alors que Paul Gérin-Lajoie, qui se trouvait à l'autre extrémité de la salle, assez grande, autour de laquelle les participants étaient disposés en cercle, se leva pour prononcer l'un des discours les plus habiles qu'il m'ait été donné d'entendre. Il commença par dire combien était lourde la responsabilité d'un chef de parti et comme il était normal, à ses yeux, que celui à qui cette responsabilité échoit connaisse des moments de découragement. Parlant d'abord en son nom personnel, il voulut assurer M. Lesage de son appui. À mesure qu'il parlait, l'orateur analysait très soigneusement la réaction de chacun des participants. Il tentait de lire dans les esprits pour mesurer ses appuis. Détectant ici ou là un signe d'approbation, il put renchérir, affirmer que ses sentiments étaient certainement partagés par un bon nombre des membres du caucus. Dans un crescendo dont la graduation tenait du chef-d'œuvre, il put terminer en affirmant que le caucus à l'unanimité était prêt à se rallier derrière le chef. Enthousiastes ou résignés, les applaudissements furent à la hauteur des circonstances !

On assista alors à un retournement de situation encore plus spectaculaire. Le même Jean Lesage qui dix minutes auparavant était au bord des larmes et ne parlait que de démission se lança dans un discours à l'emporte-pièce. Il invita chacun à le suivre sur les sentiers de la guerre. Puis, il traversa la salle pour se rendre dans l'antichambre où les journalistes l'attendaient. Devant les caméra de télévision, un Jean Lesage aussi télégénique qu'il le fut jamais, frais comme une brise du matin, répondit à toutes les questions, assurant chacun que le caucus avait été un franc succès et que l'enthousiasme était général.

En quittant la maison des Sœurs Grises, je me souviens d'avoir fait à Robert Bourassa la remarque suivante : « Ce soir, je dois aller avec ma femme à une représentation des Ballets africains. On dit que c'est une excellente performance. Pourtant, j'échangerais volontiers mes billets contre une reprise du spectacle auquel nous venons d'assister. »

Les politiciens de carrière sont presque par nécessité de grands artistes. Les coups de théâtre comme celui que je viens de décrire ne sont pas sans influencer le cours des événements. Ainsi, j'ai toujours eu la conviction que, n'eût été l'intervention de Gérin-Lajoie à l'issue de ce caucus, Jean Lesage n'aurait eu d'autre choix que d'annoncer sa démission en sortant de la salle. Dans cette éventualité, on aurait sans doute retrouvé parmi les candidats à la succession : Pierre Laporte, Claude Wagner, Paul Gérin-Lajoie... sans doute aussi Jean Marchand. Auquel cas, il est moins certain que Pierre Trudeau se serait présenté à la chefferie des libéraux fédéraux en 1968... Et je ne suis pas convaincu que mon collègue Robert Bourassa eût été prêt à se lancer en 1967... Voilà bien pourquoi votre fille est muette !

L'histoire est irréversible. Mais si certains faits peuvent être prouvés, il en va bien autrement des sentiments et des motivations des acteurs. Ainsi, dans l'épisode que je viens de raconter, Paul Gérin-Lajoie s'est porté à la défense de Jean Lesage. Je crois qu'il a voulu être gentilhomme. Il trouvait sans doute inadmissible une fin de carrière aussi peu glorieuse pour l'ancien premier ministre de la révolution tranquille. D'autres y ont vu un geste intéressé. P.G.-L. avait certainement des ambitions. Jugeait-il le « timing » mauvais pour lui ?

Chose certaine, un autre collègue qui avait encouragé Lesage à lever le coude un peu haut et un peu tard la veille, dans un certain coin du monastère... n'avait pas agi en gentil-homme !

On a beaucoup dit que la politique était un monde de loups. Je ne crois pas, quant à moi, que les hommes politiques soient plus vils, ni plus méchants, ni plus vertueux que les autres hommes. En moyenne, ils sont peut-être un peu plus ambitieux.

CE 5 JUIN 1966

Il est de mode ces temps-ci (septembre 1970) de broyer du noir à propos de la démocratie. Certes, la pauvre vieille n'est pas sans rides. Mais s'il importe de lui refaire une beauté, ce n'est point en l'étouffant qu'on lui donnera bon teint et belle jambe. Nos concitoyens de langue anglaise diraient qu'il ne faut pas jeter le bébé avec l'eau de la baignoire. En effet, malgré toutes ses misères, le régime démocratique permet tout de même à la population d'exprimer ses espoirs, sa colère, sa confiance ou son ressentiment. Sous ce rapport, les politiciens n'ont pas fini d'avoir des surprises.

Certains de nos concitoyens, qui hurlent à l'injustice depuis les élections d'avril 70, semblent avoir oublié qu'en 1966, le Parti libéral fut battu avec 47 p. 100 des suffrages alors que l'Union nationale de Daniel Johnson prenait le pouvoir avec 41 p. 100 des voix. Il faut toutefois être bon prince et admettre qu'en dépit des imperfections de ce verdict, le gouvernement libéral fut défait parce qu'il avait perdu la confiance d'une portion de ceux qui, en 62 et en 60, lui avaient accordé leur appui.

Je fus l'un des premiers à être déclaré élu, non pas de justesse, mais avec une majorité de plus de 8,000 voix. Ce fut évidemment une explosion de joie à mon comité électoral où étaient réunis bon nombre de ceux qui avaient fait la campagne à mes côtés. L'euphorie convenait d'autant mieux aux circonstances que, peu avant dix heures du soir, les commentateurs de la télévision faisaient état d'une projection établie par un quelconque cerveau électronique accordant aux libéraux 56 comtés contre 50 à l'Union nationale.

Heureux de cette double victoire en perspective, je partis un peu avant 22 heures pour le Club de Réforme où les dirigeants du parti avaient convié les députés élus. Sur le parvis de l'édifice de la rue Sherbrooke, je fus intercepté par un interviewer du canal 12 qui voulait connaître mes impressions sur le résultat de cette journée de votation. À l'instar de mon collègue Paul Gérin-Lajoie, qui venait d'en faire autant à la chaîne française, j'assurai alors les téléspectateurs du canal 12 que cette victoire libérale me réjouissait profondément puisqu'elle allait permettre de poursuivre plusieurs des réformes qui avaient été amorcées de 60 à 66. Deux minutes plus tard, dans le sous-sol du Club, un autre commentateur de la télévision m'informait de ma méprise, car vers vingt-deux heures trente les prévisions étaient renversées. Les Québécois mirent beaucoup de temps à se relever de la surprise du 5 juin. Certains de mes collègues, bien qu'ils aient été élus députés de leur comté, ne s'en relevèrent jamais.

Après une brève visite au Club de Réforme, je m'en fus chez moi où ma femme et moi avions convié une cinquantaine de mes collaborateurs les plus proches. Ce n'est qu'une semaine plus tard que je m'expliquai l'atmosphère de cette soirée. La plupart des convives n'étaient pas au même diapason que leur nouveau député. Que le lecteur se rassure, cela n'avait rien à voir avec les bienfaits de la vigne. Le décalage dans les humeurs avait une raison plus profonde. Bien qu'étant venu à la politique un peu malgré moi, je me sentais évidemment heureux de cette victoire et tout disposé à me plonger à fond dans la nouvelle aventure qui s'offrait. La plupart des collaborateurs et amis qui m'entouraient n'en étaient pas à leurs premières armes en politique. Pour eux, la perte du pouvoir revêtait une signification que je dus mettre quelque temps à découvrir. La franchise m'oblige ici à concéder que cette découverte fut une expérience pénible.

J'étais entré en politique active afin de débloquer le secteur de l'éducation des adultes où j'avais été engagé en 1964, après dix ans de syndicalisme. Dès l'annonce de la défaite de mon parti, je réalisai évidemment qu'il serait impossible de donner suite à mes projets (au fait, personne n'y a donné suite encore puisque le secteur de l'éducation des adultes demeure le parent pauvre, même un peu clandestin, de notre système d'enseignement). Cependant, je me disais qu'il y aurait du bon boulot à faire au sein de la loyale opposition de Sa Majesté.

Partagés entre la joie et la peine, nos invités de la nuit du 5 juin n'usèrent que très modérément du fruit de la vigne ! Il resta aussi des sandwiches et des petits fours ! Longtemps avant que le soleil ne se lève sur l'avortement de la révolution tranquille, les libéraux d'Ahuntsic, y compris leur député, purent trouver dans le sommeil le remède approprié aux fatigues de la journée.

Si mon lecteur, lui, n'est pas déjà endormi, j'attirerai son attention sur le fait que la conscience politique des Québécois laisse encore quelque peu à désirer. Certes, nous avons fait des progrès depuis que les abbés Dion et O'Neil sont passés à l'histoire en traçant le portrait des « honnêtes travailleurs d'élections ». Et pourtant, dans le paisible comté d'Ahuntsic, il s'est trouvé, le 5 juin 1966, un prétendu respectable notaire et quelques acolytes pour inventer de toutes pièces un faux document. Il s'agissait, en l'occurrence, d'un ordre présumé du vice-président général des élections interdisant l'entrée des chasseurs dans les bureaux de scrutin. Précisons que le chasseur est celui qui fait la navette entre le comité central d'un candidat et les divers bureaux de scrutin, afin que les représentants du candidat puissent être informés d'heure en heure de la marche du vote, et de toute incongruité pouvant survenir dans le déroulement normal du scrutin. Notre adversaire ayant constaté que nous avions une organisation très bien structurée, pensa pouvoir démoraliser les troupes par ce subterfuge malhonnête. On alla jusqu'à imiter la signature du vice-président général des élections pour arriver à ces fins. Aujourd'hui encore, je regrette de n'avoir point fait incarcérer le notaire, non pas par esprit de vengeance, mais simplement parce que l'intérêt public réclame peut-être de tels gestes pour éduquer la conscience civique de certains citoyens. Cet incident, le fait aussi que quelques électeurs soient venus me rencontrer à mon comité, la veille du scrutin ou quelques jours auparavant, pour me remettre leur certificat d'énumération, m'informer qu'ils ne seraient pas chez eux le jour du scrutin et me prier de « faire voter quelqu'un à leur place », me convainquirent, dès juin 1966, que la démocratie avait encore des progrès à faire, même dans le comté d'Ahuntsic.

LE « GANG DE MONTRÉAL »

Très tôt après la défaite technique du 5 juin, un certain nombre de libéraux, dont certains des personnages principaux de la révolution tranquille, se réunirent tout naturellement pour analyser les causes de la défaite et pour poser les jalons des actions à entreprendre. Les journaux ayant commenté abondamment les activités et la composition de ce club, je ne ressens aucune gêne à publier la liste de ceux qui prirent part aux premières réunions : François Aquin, Rosaire Beaulé, Robert Bourassa, André Brossard, Marc Brière, Philippe Casgrain, Roland Gauvin, Jérôme Choquette, Robert Demers, Claude Desrosiers, Paul Gérin-Lajoie, Eric Kierans, Jean-Paul Lefebvre, Maurice Leroux, René Lévesque, Gilles Marchand, Yvon Turcot, Réginald Savoie, Pothier Ferland, Gilbert Bériault, Claire Kirkland-Casgrain[1].

Au nombre des participants occasionnels, on trouvait aussi un ancien chef du parti, devenu depuis mémorialiste de grande réputation : Georges-Émile Lapalme. C'est à cette occasion que j'ai connu M. Lapalme. Son discours avait acquis la belle sérénité que l'on trouve dans ses livres.

Un document dont j'avais oublié non seulement la teneur mais l'existence même au moment d'entreprendre cette chro-

---

[1] *Dans ses propres mémoires :* Attendez que je me rappelle, *René Lévesque ne s'est souvenu que de quelques noms de participants à ces débats aussi intéressants qu'ils furent peu appréciés de la direction du parti.*

nique nous plonge au cœur de l'action. Il s'agit d'une lettre adressée au nouveau député d'Ahuntsic par celui qui deviendrait bientôt le chef du Parti québécois. La missive de René Lévesque est datée du 19 juillet 1966. En raison de l'importance de cette correspondance, j'en donne ici le texte intégral :

« Mon cher Jean-Paul,

Je trouve à mon retour de mes propres méditations préliminaires ton « brouillon » d'Oka.

Sur l'ensemble, je puis te dire tout de suite que je suis d'accord à... disons 75 p. 100 ! Je suppose que tu me vois venir pour les autres 25 p. 100...

Ce qui me fait tiquer, c'est l'insistance que tu mets, et c'est encore plus clair et plus frappant quand c'est écrit, à établir une synonymie fatale entre « droite » (conservatisme, réaction, tout ce que tu voudras...) et nationalisme.

Je ne veux pas déformer ta pensée, mais je crois que tu t'enfonces ainsi dans une contradiction qui ne peut déboucher que sur un cul-de-sac. Excuse-moi, mais ça me rappelle *Cité libre* (première version surtout, i.e. Trudeau & cie, i.e. un bon démocrate s'occupe le moins possible de ces « accidents » potentiellement « fascistes » que sont la nationalité, la culture, etc.). Le cul-de-sac, à mon humble avis, Marchand et Trudeau l'ont vécu et le vivront peut-être encore davantage d'ici quelque temps : c'est d'essayer d'accrocher le char de la démocratie à tout sauf au seul cheval dans lequel (pas seulement chez nous... et, soit dit en passant, chez un nombre grandissant de nos concitoyens anglo-saxons quand ils parlent de définir, re-définir, découvrir, etc., quelque nouveau souffle de « canadianisme »... Gratte un peu sous la surface...) dans lequel, dis-je, l'ensemble des hommes d'une société donnée s'acharnent encore, de nos jours, à se reconnaître collectivement — leur langue, leurs origines, leurs aspirations de groupe ethnique. Par exemple, peux-tu me dire combien de votes a pu coûter la gauche et féroce insistance de Lesage, pendant toute la campagne, à ne taper sur personne... sauf sur les séparatistes ? Qu'on le veuille ou non (et toi aussi), au fond d'une vaste majorité de Québécois canayens, il y a du séparatisme. Et quoi qu'en dise le Révérend Ryan, ce qui fait hésiter la plupart d'entre eux, ce n'est pas les principes (dans ce domaine, il n'y a pas de dogme), encore moins le respect du « grand tout » canadien (qui nous emm... la plupart du temps... et qui, en fait, est un « tout » assez caricatural dans un monde où les grands ensembles, ça ne se conçoit qu'à l'échelle d'un Marché Commun), — mais c'est uniquement la peur de l'inconnu... et bien sûr, la peur de perdre 5 cents (ou dix) dans la piastre. Et ce dernier point, très franchement, me paraît le seul argument respectable ! Je ne blague pas, et je crois que tu me comprends.

Il n'en demeure pas moins qu'à mon humble avis, aussi loin encore qu'on puisse voir en avant, l'efficacité (sans laquelle — chacun son tempérament — je ne crois absolument pas à l'action politique) exige qu'on trouve le moyen de marier convenablement le nationalisme cohérent et positif (et je te concède tout de suite que ce n'est pas facile) avec le progressisme socio-économique. Je sais que c'est facile à dire puisque ça me va d'instinct, mais je te jure que je n'essaie pas de « rationaliser » ces sentiments — je suis très profondément convaincu que c'est, inéluctablement, comme ça.

Puis-je ajouter que, tout compris, ça me paraît aussi être une sorte de façon de faire confiance à l'avenir. Comme ceci : je suis sûr que cette phobie du nationalisme, basée sur son soi-disant contenu de fascisme inévitable, est en grande partie le fruit de souvenirs du passé, i.e. des années duplessistes, pour ne pas remonter à Arcand — ou descendre aux dernières éructations du R.N. Mais ça me semble découler d'une vue terriblement statique et pessimiste de la société québécoise. Duplessis s'est engraissé à même l'ignorance collective aussi soigneusement entretenue que possible. Arcand, n'en parlons pas. Mais regarde un peu dans quels secteurs de la population le R.N. recrute cahin-caha : les reliquats les plus bouchés de l'électorat créditiste et les derniers carrés de petite bourgeoisie encrassée et « paniquée » de petites villes...

Or, le Québec — tant bien que mal — s'instruit comme jamais auparavant. Nos petits-enfants, et même déjà nos enfants à ce point de vue-là, ont de piteux grands-pères. Et ça, une fois le goût pris, et je le crois trop bien pris pour qu'il puisse se perdre, c'est la meilleure garantie de maturité collective, la seule au fait. Ajoute *ton* éducation des adultes et *notre* main-d'œuvre — et je ne vois pas pourquoi nous ne pourrions pas atteler un nationalisme progressiste et démocratique (et qui cesse de trembler à propos de tout... en se souvenant trop et en ne regardant pas assez autour de lui) à un programme politique de gauche : t'as tout de même entendu parler de

Muñoz Marin à Porto-Rico, des efforts de Sean Lemass en Irlande, et de l'autonomie féconde et prospère que maintiennent dans un monde de grands ensembles des gens comme les Danois ou les Suédois.

Et je le crois davantage chaque fois — comme aujourd'hui, aux cours d'été de l'Université — que j'affronte et écoute et sonde des grappes quelque peu représentatives de la génération montante. Je suis à la veille de croire que, tout en étant de plus en plus (à mon humble avis) « nationalistes sans complexes », ils sont aussi fins que nous autres !

(Enfin, excuse-moi — mais, surtout maintenant que, dans l'opposition, on ne pourra aussi aisément noyer les doutes dans l'action quotidienne — on ne peut escamoter sans risques graves une question aussi fondamentale. On en reparlera à la première occasion, si tu veux.)

De plus, en bref :

1°— Je vois Lesage à Québec demain ou jeudi (dans le particulier...), puis à nouveau, avec tout l'ex-cabinet (ou à peu près) mercredi prochain. Je t'appellerai dès mon retour, et nous nous arrangerons pour nous rencontrer avec les « démocrates » tout de suite après. OK ?

2°— J'ai lu le truc de Desjardins dans *Le Devoir*, mais je n'ai pas encore compris à quoi ça rimait... Lui aussi, il a besoin sérieusement de méditer !

3°— Pour le Congrès (remis à la mi-novembre, grâce au ciel... et grâce à nous !), ton thème me va comme un gant... si thème unique il doit y avoir. Car j'ai — cette année surtout — des doutes assez sérieux sur l'opportunité du thème exclusif. L'expérience prouve que ça prête admirablement à l'escamotage de tout le reste... Disons que je crois à tout le moins que c'est *le* thème qui me paraît politiquement le plus indiqué... mais pas forcément en exclusivité, pas du tout. Penses-y, veux-tu ?

4°— Laporte m'apprend par lettre que nous serons compagnons de bureau à Québec. Je me dépêche d'y aller pour prendre la meilleure moitié !

Amicalement,
René Lévesque »

Avant de confier à mes lecteurs le texte de mon « brouillon d'Oka », je voudrais tout de suite concéder ma naïveté dans l'appréciation du type de nationalisme qui était indissolublement associé à l'esprit réformiste de René Lévesque. La tension amicale que révèle cet échange de correspondance de juillet 1966 ne devait que s'accroître pour atteindre le point de rupture quelques jours ou quelques semaines avant que Lévesque et un certain nombre de nos amis communs décident de quitter définitivement le Parti libéral. Dans le modeste bureau que nous avons partagé pendant près de deux ans à l'Assemblée nationale, les thèmes contenus dans la lettre de Lévesque et dans la note à laquelle cette lettre apportait une réponse sont revenus bien des fois dans la conversation. Dans sa lettre du 19 juillet, Lévesque écrit : « Surtout maintenant que, dans l'opposition, on ne pourra aussi aisément noyer les doutes dans l'action quotidienne, on ne peut escamoter sans risques graves une question aussi fondamentale. » Comme tout le monde, j'étais convaincu, le 28 avril 1966, lorsque je me suis lancé dans cette aventure politique, que le Parti libéral serait reporté au pouvoir. À y bien penser, c'est peut-être plus dans cet excès de confiance que dans la naïveté qu'il me faut trouver le véritable mobile de mon optimisme relatif de l'époque quant à la possibilité de faire front commun avec les membres de l'équipe libérale de 1966 et notamment avec René Lévesque. Dès 1960, au moment où il entreprenait lui-même sa première expérience de politique active, Lévesque m'avait invité, avec d'autres, à prendre part à l'aventure. Pendant la révolution tranquille, je n'avais pas été sans remarquer les poussées de nationalisme, parfois assez virulent, du ministre des Richesses naturelles. Pourtant, parce que mon engagement politique était basé sur un objectif précis : le déblocage du secteur de l'éducation permanente, parce que René Lévesque, Gérin-Lajoie et quelques autres avaient appuyé avec un certain enthousiasme mes propositions en cette matière, j'entrais dans l'aventure avec confiance. Je ne prévoyais pas les divergences et les conflits qui devaient littéralement détruire l'équipe qui avait affronté l'électorat en juin 1966. Comme il arrive sans doute très souvent, cette défaite n'était pas à l'ordre du jour. Les ravages qu'elle entraîna dans le moral des troupes n'en furent que plus dévastateurs.

À relire, quelques années après les événements, mon mémoire du 15 juillet 1966, je me rends compte qu'il comporte une bonne dose de naïveté. L'enthousiasme qui s'y reflète mérite cependant d'être noté. Je n'étais pas le seul à mani-

fester un tel état d'esprit. C'était là une attitude largement
partagée par les membres de la nouvelle fournée de libéraux
recrutés en 66. Comme on s'en souviendra, Robert Bourassa
et Jérôme Choquette étaient du nombre.

Voici donc le texte de mon mémoire de juillet 66, baptisé
dans mon échange de correspondance avec René Lévesque :
« mon brouillon d'Oka ». Le texte est un peu long et se serait
normalement retrouvé dans les appendices à cette chronique
n'eût été l'importance de mon illustre correspondant.

ORIENTATION DU PARTI LIBÉRAL DU QUÉBEC
(HYPOTHÈSES ET PROPOSITIONS)

« La société québécoise semble tout à fait prête à l'avènement d'un véritable mouvement politique, c'est-à-dire
d'un parti de masse. Cette circonstance historique s'ajoute
ainsi aux arguments de théorie politique que l'on peut
aligner pour préconiser le parachèvement de la démocratisation du Parti libéral. L'idéologie et les structures
d'un parti sont beaucoup plus liées l'une aux autres qu'on
peut le croire de prime abord. Ainsi, un parti de masse
doit avoir des idées, une doctrine... tandis qu'un parti
d'organisateurs repose sur une « machine » puisqu'il ne
peut susciter en grand nombre des adhésions durables,
des concours bénévoles, etc.

Deux voies sont ouvertes au Parti libéral du Québec

Compte tenu du verdict équivoque mais quand même
fort important du 5 juin, deux voies sont offertes au
P.L.Q.

A) Une première hypothèse serait de revenir carrément
au modèle du parti d'organisateurs de l'époque
Taschereau-Duplessis. Comme il a été mentionné
précédemment, un tel parti politique est pratiquement indissociable d'une « machine électorale » et,
ajoutons, d'un système de patronage. Une telle
machine assure le dévouement « à la cause » de ceux
qui mangent dans l'assiette au beurre mais il lui faut
aussi quelques slogans susceptibles de remplacer
l'idéologie qu'il ne saurait avoir.
Dans le contexte de 1966, si le Parti libéral laissait ou
faisait avorter les efforts de démocratisation entrepris depuis 1956, il serait entraîné, bon gré mal gré,

dans une surenchère autonomiste et nationaliste pour dépasser, sur sa droite, le parti au pouvoir.

B) La deuxième voie qui s'offre au P.L.Q., la seule qui soit acceptable, en fait, consiste à relever le défi de la démocratisation des cadres jusqu'à devenir un véritable parti de masse et à se donner, grâce à ce contact avec l'ensemble de la population et particulièrement avec les classes laborieuses, une idéologie politique qui le situe sans équivoque à gauche de l'Union nationale.

Il faut noter ici que le programme électoral du P.L.Q., au cours de la dernière campagne, était excellent et pourrait servir d'amorce à l'élaboration d'une pensée politique plus élaborée.

Pousser des racines. Une exigence de l'accélération.

La victoire de l'Union nationale est largement attribuable au mécontentement créé par des interventions accrues de l'État dans la vie du citoyen. Il s'agit d'une transformation radicale de la relation citoyen-État par rapport à ce que nous avons connu avant 1960. Dans ce nouveau contexte politique aucun parti ne saurait se maintenir longtemps au pouvoir à moins de museler les moyens d'information, de les dominer (solution fasciste) ou, à l'opposé de cette tendance, de faire participer vraiment les citoyens à la détermination des objectifs politiques de l'État par la démocratisation réelle de ses propres structures.

Les mécanismes de consultation du gouvernement lui-même ne sauraient suffire à combler ce besoin de participation de la population. L'expérience toute récente du ministère de l'Éducation semble l'avoir démontré. Aucun autre ministère du gouvernement n'a fait autant d'efforts pour établir des mécanismes de consultation, mais pour éviter la frustration et les mécontentements, il eût fallu encore davantage. Il eût fallu que les objectifs à atteindre et la philosophie des grandes politiques du gouvernement en matière d'éducation soient considérés par des milliers de militants libéraux à travers la province comme leur philosophie et leur politique. Une telle exigence déborde la responsabilité du ministère de l'Éducation et rejoint les structures mêmes du Parti libéral.

Les corps intermédiaires

Le premier des deux grands partis politiques du Québec qui démocratisera vraiment ses structures aura des chances de transformer d'une façon positive le rôle politique des corps intermédiaires. Il semble indéniable que depuis 1960, l'opposition la plus réelle et la plus efficace au gouvernement soit venue des corps intermédiaires. Ceux-ci, plus que l'opposition parlementaire, ont tenu le gouvernement en alerte. Quelle sera la situation au cours des prochaines sessions et des prochaines années ? Il y a lieu de croire que l'opposition parlementaire sera plus efficace et mieux armée pour suivre le gouvernement à la trace. Le problème des corps intermédiaires en tant que force politique presque entièrement coupée des partis politiques (dont c'est la fonction propre de concevoir une politique d'ensemble pour l'État) reste cependant important. Il ne saurait évidemment s'agir de museler les corps intermédiaires ni de les inféoder à un parti. Le Nouveau parti démocratique, particulièrement au Québec mais même dans l'ensemble du Canada, a déjà fait l'expérience de l'efficacité relative des « affiliations » syndicales, par exemple.

En courte période, l'objectif du P.L.Q. dans ce domaine serait de coller d'assez près aux problèmes de la masse des Québécois et de rechercher systématiquement la collaboration des militants sociaux à l'élaboration d'une idéologie et d'un programme qui soit vraiment le fruit d'une réflexion commune.

Il semble assez évident que si le P.L.Q. réussissait à se gagner le concours d'un nombre important de dirigeants et de cadres de nos corps intermédiaires, il aurait fait un grand pas vers la constitution d'un parti de masse.

Propositions

Le thème du prochain congrès

L'administration libérale, de 1960 à 1966, a été suffisamment ferme et positive dans ses relations avec le pouvoir central pour que personne ne doute de son autonomisme. Je crois que la façon la plus habile de ne pas nous laisser entraîner dans la surenchère nationaliste et le chantage au séparatisme que Johnson s'apprête à entreprendre, de lui couper l'herbe sous le pied par la même occasion, serait de proclamer que la question constitutionnelle n'est pas la première urgence à laquelle le Québec doit faire face. Cette affirmation sera sans doute contestée par plusieurs, elle n'en apparaît pas moins comme évidente aux yeux du soussigné. Soulignons, en particulier, que si le remaniement constitutionnel devait aboutir à un accroissement important des responsabilités administratives et, partant, du budget du gouvernement provincial, cela me semblerait une raison suffisante pour ne pas nous hâter. Il semble en effet indéniable qu'il y ait une limite au rythme de croissance de toute administration qui veut demeurer efficace.

Le Parti libéral devra continuer de réclamer le transfert aux provinces de toutes les mesures de sécurité sociale, mais proposer que cela se fasse par étapes, dans l'intérêt de toutes les parties en cause.

Le Parti libéral du Québec devra surtout défier le gouvernement Johnson de réaliser le recyclage de la main-d'œuvre qu'il eût lui-même entrepris si le verdict du 5 juin eût été différent. Voilà bien, en effet, l'article de notre programme qui était qualifié « d'urgence nationale ». Voilà aussi l'un des principaux leviers de la *guerre à la pauvreté* (rurale et urbaine), du développement économique et de la justice sociale à l'âge de l'automatisation. Ce serait le thème idéal pour notre prochain congrès. À ce thème principal, il faudrait ajouter la relance du mouvement de démocratisation : fondation ou renforcement des Associations de comté, équipement plus approprié de la Fédération libérale du Québec, etc.

Préparation du congrès

Si les suggestions qui précèdent sont acceptées, je suggère en outre que le congrès lui-même soit précédé d'une journée d'étude tenue à l'Université de Montréal la veille même du congrès ou au début de novembre. Cette journée d'étude serait tenue sous les auspices d'un comité d'organisation constitué en majorité de spécialistes et de représentants des corps intermédiaires non identifiés au Parti libéral. Le colloque devra grouper les plus grandes compétences au Québec en matière de main-d'œuvre et de développement des ressources humaines.

On pourrait aussi songer à inviter un conférencier de l'extérieur (Freidman ?)

Un tel colloque permettrait une étude beaucoup plus approfondie que ne pourrait le faire le congrès lui-même et préparerait avantageusement l'élaboration du programme du parti sur cette importante question. Est-il nécessaire de souligner qu'au plan de la publicité, des relations publiques et du recrutement, les avantages d'une telle initiative seraient considérables.

Vers la constitution d'un parti de masse

Pour constituer un véritable parti de masse, il ne suffit pas de le déclarer, ni de proclamer une statistique globale sur le nombre d'adhérents. Sans que la liste des conditions alignées ci-après puisse en aucune façon être présentée comme exhaustive, elles apparaissent comme importantes :

1. Constitution d'une équipe permanente mandatée pour assister les officiers de la F.L.Q. et les Associations de comté dans les tâches normales d'un parti politique : organisation et recrutement, propagande, éducation, recherches.

2. Responsabilités accrues de la F.L.Q. au sein du parti. L'Exécutif devra avoir son mot à dire dans l'utilisation des fonds du parti et devra être, en accord avec le chef du parti, le groupe responsable de la stratégie électorale.

3. Transformation de la Fédération des Femmes libérales du Québec et de la Fédération des Jeunes libéraux du Québec en sections de la F.L.Q. et constitution d'un Exécutif unique tant au plan provincial qu'au plan des comtés.

4. On peut se demander s'il est normal et souhaitable, dans le contexte du parti de masse, de distinguer systématiquement l'équipe parlementaire des cadres mêmes de la Fédération.

En termes concrets, est-il souhaitable que l'équipe parlementaire au sein de la Fédération n'occupe que des sièges « ex officio » ou devrait-on les placer sur le même pied que tous les autres militants (possibilité de se faire élire, etc.) ? Toute modification apportée

à la constitution de la F.L.Q. pour y transformer le
rôle de l'équipe parlementaire du parti, devra toutefois sauvegarder la responsabilité propre des députés
et, s'il y a lieu, des ministres en tant que membres de
l'Assemblée législative ou du gouvernement[1]. »

Ce texte ainsi qu'un mémoire préparé par Marc Brière
devaient servir de point de départ pour la discussion des
« démocrates ». Après quelques conciliabules préliminaires,
eut lieu le 25 juillet 1966, au Club Saint-Denis de Montréal,
la première réunion d'un groupe de libéraux qui devait se
voir affublé, par la suite, de diverses appellations. Quant au
groupe lui-même, il avait choisi de se désigner comme « le
groupe du Club Saint-Denis », sans que ce choix fasse l'objet
d'une discussion. On voulait probablement éviter les
étiquettes, d'autant plus qu'il s'agissait de rencontres de
concertation entre des personnes et non de la fondation d'un
organisme quelconque. Mais comme le climat dans la vieille
capitale était à la suspicion, on nous y appelait « le gang de
Montréal ».

   Ainsi, je me retrouvais, encore une fois, parmi les
gauchistes ! J'avais expérimenté ce type de procès de tendance
dès le début de l'âge adulte, dans les mouvements d'action
catholique, puis à la C.S.N. ... Guy Cormier, au temps où il
avait de l'humour, avait l'habitude de dire que le Québec était
un grand collège où les Montréalais sont les externes, les autres
des pensionnaires... Quoi qu'il en soit de cette blague, à l'été
1966, le sort de Jean Lesage était scellé par la façon dont lui-
même et son entourage ont réagi à l'initiative des « démocrates » de Montréal. Dans l'entourage du chef, on s'est armé
pour combattre une conspiration. La réalité était toute différente. L'immense majorité des participants au groupe du Club
Saint-Denis n'avait pas comme objectif un changement de
leader mais un renouvellement de la constitution et de l'ac-

---

[1] À l'époque, il n'y avait aucun précédent au Québec pour un tel parti. Le Parti
québécois fut le premier à relever ce défi. Le Parti libéral du Québec ne tarda
cependant pas beaucoup, d'abord sous l'impulsion de Claude Ryan, puis de Robert
Bourassa, à déclencher un mouvement similaire d'enracinement chez les militants.
Dont acte. Ceux qui, en 1966, considéraient comme une joyeuse chimère l'idée
même d'un parti de masse sont bien obligés de constater que le phénomène s'est
produit à deux reprises au Québec, à l'intérieur d'une même génération. Et à
deux enseignes assez différentes. La démocratie offre toujours plus d'une option !

tion du parti. Le séjour dans l'opposition se prêtait particulièrement bien à ce genre d'opération. Certaines ambitions
de l'un ou l'autre des anciens ministres, ambitions qui devin-
rent évidentes un peu plus tard, existaient-elles déjà dans leur
esprit ? Je n'en sais rien. Rien de tel n'a transpiré dans les
discussions du groupe, en 1966.

Une chose semble aujourd'hui assez facile à voir. À l'été
1966, la stratégie était pauvre, tant chez les démocrates de
Montréal, considérés comme factieux, que chez les incondi-
tionnels du chef Jean Lesage. Lorsque, par exemple, le groupe
de Montréal décida de présenter une « slate » complète pour
les trois postes clés du comité exécutif du parti, il faisait preuve
d'un manque de réalisme impardonnable. Ma vanité n'étant
pas moins grande que celle de la moyenne des Québécois, je
me plais à souligner qu'à plusieurs reprises, j'ai tenté de
convaincre mes camarades d'alors de se montrer moins ambitieux ! Nous avons provoqué inutilement une réaction assez
féroce de la direction... qui contrôlait la majorité des délégués.
Le chef et son entourage eurent le bon sens de laisser passer
notre candidat à la présidence : Eric Kierans.

LE CONGRÈS DE 1966

Pour les libéraux du Québec la période du 5 juin au 17 novembre 1966 fut consacrée à deux activités à la fois complémentaires et contradictoires : les *post mortem* et les projets d'avenir. Concédant volontiers un certain parti pris, il m'apparaît que le groupe de Montréal avait établi un meilleur équilibre entre la dissection de la défaite et l'élaboration de victoires futures ! Là comme ailleurs, la déception était grande mais elle n'empêchait pas le dynamisme et l'imagination de se manifester. À Québec, pendant ce temps, dans la rue Saint-Cyrille où étaient situés les bureaux québécois du parti, on cultivait l'amertume.

Que voulait au juste le groupe de Montréal ? D'abord mieux coordonner les diverses branches du parti : caucus, permanence, organisation, finances. Dans la réalité, aussi bien que dans la constitution encore très imprécise du parti, ces divers éléments n'étaient pas reliés entre eux. Évidemment, le chef était le grand patron partout mais des cloisons étanches empêchaient les interactions. Un esprit malin aurait pu croire qu'on avait voulu diviser pour mieux régner !

Dans une lettre circulaire qu'ils adressèrent aux délégués libéraux au congrès de 66, les membres de la troïka (Kierans, Brière, Casgrain, les trois candidats proposés par les réformistes) écrivaient :

« Nous supportons une résolution d'amendement à la constitution de la Fédération libérale du Québec dont le seul but est de rendre plus efficace l'administration des services de la Fédération et plus démocratique l'administration des finances. Cette réforme fait suite à un vœu de l'assemblée conjointe du caucus des députés et du Conseil de la Fédération demandant la création d'un comité directeur et, quant aux finances, elle rejoint une résolution adoptée par le congrès de 1963 qui prônait précisément la même chose. Ce serait revenir en arrière que de vouloir aujourd'hui le contraire ! Il n'y a rien là-dedans de révolutionnaire pour un parti qui a été le premier en Amérique à introduire une législation finançant et contrôlant les dépenses d'élections. »

Évidemment, on ne voyait pas les choses du même œil rue Saint-Cyrille. Et cela n'aurait pas dû étonner ceux d'entre nous qui avaient vécu l'expérience du gouvernement Lesage, de 1960 à 1966. Si le groupe de Montréal ne constituait pas la cellule socialiste que se plaisait à dépeindre l'ineffable Bona Arsenault, il prônait une conception de la société qui pouvait effrayer les éléments plus conservateurs comme Claude Wagner (tout de même un Montréalais) ou Bernard Pinard, sans parler du simplisme d'un Louis-Philippe Lacroix. Au delà des considérations sociales, il y avait aussi, dans cette querelle, un autre élément que je n'avais pas perçu, et pour cause, n'ayant pas vécu la période précédente dans les cadres du parti. Quelques-uns des gauchistes de 1966 avaient sérieusement fait suer leurs collègues du cabinet durant les années fastes du pouvoir. En tête du peloton, venait René Lévesque. Le fougueux ministre des Richesses naturelles, puis de la Famille, s'était permis quelques écarts de langage que plusieurs collègues ne lui avaient jamais pardonnés. Surtout, son indiscipline notoire et le peu de respect qu'il avait témoigné à plusieurs membres de l'ex-cabinet avaient laissé des plaies vives.

Des nouveaux venus, comme Bourassa, Choquette et Lefebvre ou le plus suave Yves Michaud, pouvaient peut-être représenter un certain risque aux yeux des conservateurs qui se réunissaient rue Saint-Cyrille. Dans le cas des Lévesque (René), Gérin-Lajoie et Kierans, le risque était certain. Il faut se rappeler l'atmosphère régressive qui prévalait au lendemain de l'élection. Je me souviendrai toute ma vie de cet organisateur libéral de la région de Saint-Hyacinthe qui m'avait dit ne pas comprendre pourquoi « le gouvernement de Lesage a pris l'argent des rouges pour faire instruire les bleus »... L'argent des rouges... c'était évidemment les fonds publics ! Il y avait beaucoup d'organisateurs et un certain nombre de députés libéraux réélus en 66 qui n'en pensaient pas moins. Dans un tel contexte, la stratégie élaborée au Club Saint-Denis n'était pas de la sagesse pure !

Car les gens de la rue Saint-Cyrille, à défaut d'être progressistes, étaient rusés. Ainsi Jean Lesage, tout en encourageant son entourage immédiat à faire la chasse aux sorciers de Montréal eut tôt fait de rechercher un compromis. C'est ainsi qu'il accepta, dès le 24 août, la constitution d'un comité directeur provisoire visant à établir, dès avant la tenue du congrès, la collégialité que nous réclamions. Sous la dictée évidente de la rue Saint-Cyrille, les deux représentants élus par le caucus pour représenter les députés au sein de ce comité provisoire furent... je vous le donne en mille, Louis-Philippe Lacroix et... René Lévesque. Les autres membres du comité seraient : le chef du parti, le président, le secrétaire et le trésorier de la Fédération et le président du caucus. René Lévesque était le seul de son groupe ! Il faut noter que le président du caucus était Montréalais. Il se nommait Pierre Laporte. Au delà de la géographie, Laporte était de... Trois-Rivières, en ce sens qu'il avait sa propre stratégie. Il avait fait acte de présence à l'une de nos réunions. Chacun savait pourtant qu'il était le membre unique de son propre groupe !

Le choix de la troïka

Les libéraux fédéraux avaient eu droit, en 1965, à leurs trois colombes. En 1966, l'aile progressiste du Parti libéral du Québec propose, à la tête de la Fédération, une troïka.

Eric Kierans aurait probablement été le dernier, lors des meetings du Club Saint-Denis, à s'offrir pour remplir la fonction de président. Cependant, il ne fut pas lent à découvrir les possibilités d'enracinement politique que lui offrait la présidence de la Fédération libérale du Québec. Quelques-uns avaient, dès le début, avancé le nom de Marc Brière, mais je crois me souvenir que le premier choix unanime du groupe s'était porté sur Paul Gérin-Lajoie. Ce dernier, sans doute parce qu'il avait l'intention de pratiquer le droit tout en s'acquittant de ses responsabilités de député de Vaudreuil-Soulanges, déclina l'offre. René Lévesque en fit autant. D'autres noms furent peut-être proposés par la suite, je ne saurais l'affirmer. Finalement, l'accord se fit autour de Kierans qui se lança dans l'aventure avec l'énergie et la fougue qu'on lui connaît. Pour le poste de secrétaire, le choix de Marc Brière était bon mais j'ai toujours prétendu que nous aurions dû choisir notre trésorier aux environs de la rue Saint-Cyrille.

Tout en admettant que de vouloir récrire l'histoire est un jeu parfaitement futile, mais non moins passionnant, j'attirerai l'attention du lecteur sur deux questions : que se serait-il produit si Paul Gérin-Lajoie avait accepté la candidature à la présidence et si notre candidat au trésor eût été *persona grata* rue Saint-Cyrille ?

L'histoire réelle de l'automne 66 nous ramène à un fait non moins réel qui date du 5 juin : la défaite. Parmi les nombreuses explications que les libéraux se donnèrent à eux-mêmes de cet événement inattendu, figurait en tête de liste le fait que le chef du parti avait trop cherché à projeter l'image de l'homme fort qui dirige seul. La campagne, selon plusieurs, avait été délibérément conçue comme un *one-man show* ! Dans un tel contexte, la collégialité se présentait tout naturellement comme un antidote. Il ne fait pourtant pas de doute que cette recherche de la collégialité, chez les anciens ministres de Jean Lesage, répondait aussi à une certaine mauvaise conscience. Il semble bien, en effet, que si la collégialité ne fut pas appliquée de 60 à 66, ce ne fut point seulement la responsabilité du chef d'alors mais aussi des coéquipiers. La période de la révolution tranquille fut une succession de pressions de gauche, de droite et du centre, où chacun des ministres tentait d'obtenir l'adhésion du chef du gouvernement et de ses collègues en faveur des politiques de son ministère. On n'a vraiment pas l'impression que le travail d'équipe y fut florissant.

Le gouvernement Lesage m'apparaît avoir été mu de l'extérieur, plus encore que de l'intérieur. Cette impression, que l'on pouvait facilement tirer d'une simple observation du jeu politique, de 1960 à 1966, me fut confirmée, *a posteriori,* par quelques-uns des participants. Cela ne saurait effacer les mérites du premier ministre d'alors qui sont réels. Il arbitra avec adresse les tensions internes et externes. Si ce ne fut pas un moteur de l'évolution, ce fut un bon arbitre. Ce n'est pas rien. Si seulement il avait pu jouer un rôle aussi positif dans l'opposition...

Connaissant maintenant la suite des événements et ayant eu l'occasion d'observer de plus près le comportement et la psychologie des anciens ministres Kierans, Lévesque, Gérin-

Lajoie et Laporte, je me demande si la collégialité eût été très facile, à supposer même que l'ancien premier ministre l'acceptât de gaieté de cœur après la défaite du 5 juin. J'ai l'impression que seul un leader puissant, entouré d'une équipe forte, peut permettre le travail d'équipe et l'esprit de collégialité. Entre des égaux, il faudrait une vertu presque surhumaine et une rationalité parfaite pour que les objectifs de la collégialité soient réalisés. Cela implique, en effet, que chacun des participants soit disposé à faire passer l'intérêt du groupe avant son intérêt personnel. Dans le cas du chef, dans la mesure où son leadership est réel, ce genre de conflit est grandement diminué par le phénomène de l'identification. Dans des conditions normales, il n'y a que bien peu de distance entre l'intérêt politique du chef et celui du parti, puisque c'est lui qui en constitue l'image de marque.

Quoi qu'il en soit de ces spéculations, la question de la collégialité ne se posa pas en 1966. Jean Lesage et ses amis perçurent toutes les initiatives du groupe de Montréal comme une atteinte directe au leadership. En conséquence, ils adoptèrent une attitude d'assiégés. Comme ils étaient majoritaires, l'issue de ce combat inégal ne faisait pas de doute. Du moins à l'intérieur du parti. Nous avions compté avec l'opinion...

La résolution Kierans-Desrosiers, qui avait été l'objet de tant de discussions dans les meetings plus ou moins clandestins du groupe de Montréal, devait constituer le sujet principal des discours de la troïka durant la campagne électorale qui précéda le congrès de novembre 1966. Cette résolution fut votée presque en entier par le congrès. Quelques mots clés en furent cependant extraits par les stratèges de la rue Saint-Cyrille et deux des membres de la troïka furent défaits par les représentants de la majorité. On eut la complaisance de « laisser passer » notre candidat à la présidence, Eric Kierans. Le faire battre eût été très possible, mais trop coûteux pour l'image du parti et de son chef.

Certaines apparences de réforme furent donc votées qui ne devaient pas avoir de suite. Concernant, par exemple, les finances du parti, la résolution Kierans-Desrosiers se lisait en partie comme suit : « Tous les fonds du Parti libéral du Québec sont administrés sous la responsabilité collective des membres d'un comité des finances composé du chef du parti et de deux autres personnes choisies au sein du Comité exécutif, nommées par celui-ci, sur la recommandation du chef du parti. » Le texte voté par le congrès se lit comme suit : « Les fonds du Parti libéral du Québec sont administrés sous l'autorité d'un comité des finances composé du chef du parti et de deux membres du Comité exécutif désignés par ce dernier, sur la recommandation du chef du parti. »

Le congrès du P.L.Q., cette année-là, marqua peut-être le début de la télévision-vérité en matière politique. La société Radio-Canada devait consacrer une demi-heure à un reportage sur l'événement. Les caméras du réseau français suivirent donc avec beaucoup d'assiduité et d'indiscrétion toutes les délibérations qui se déroulaient à l'hôtel Mont-Royal. Le lundi suivant, les téléspectateurs purent assister, aux premières loges, à une engueulade en règle. Les principaux protagonistes étaient le président du parti, le docteur Irénée Lapierre, et René Lévesque, ce dernier étant secondé, c'était normal, par un certain nombre de membres du groupe de Montréal. Les caméras n'étaient pas fixes, comme à l'Assemblée nationale, elles étaient mobiles et... multiples. Non seulement les altercations furent-elles filmées in extenso mais les réactions des tierces parties le furent aussi. Pas une grimace, pas un clin d'œil complice ne fut raté. Ce document, qui est sans doute conservé, constitue une pièce d'archives. Il est une preuve vivante, et tonitruante, de l'âpreté des combats à l'intérieur des partis politiques. Les non-initiés qui se préparent à remplir leur devoir de citoyen en militant dans un parti doivent savoir que ces luttes-là sont les plus difficiles à supporter. Certainement plus que la rivalité avec les adversaires qui logent à une autre enseigne.

Pour établir le bilan de ce congrès fort mouvementé, je renverrai mes lecteurs à quelques paragraphes tirés de l'excellente analyse faite par Michel Roy, dans *Le Devoir* du 21 novembre 1966 :

> « Victoire morale des réformistes, mais déchirement profond du Parti libéral. Telles sont les deux grandes caractéristiques du 12e congrès de la Fédération libérale du Québec au terme duquel M. Jean Lesage, visiblement ébranlé par ces trois jours d'épreuves, a lancé un pathétique appel à la discipline, à l'unité, à la solidarité.

> Victoire morale des partisans de M. Eric Kierans en effet, si l'on considère l'élection de celui-ci à la présidence, après une lutte sans précédent dans le parti et jusqu'au bord des isoloirs où votaient les délégués samedi. Victoire

morale aussi par l'adoption de la réforme des structures
suivant la formule mise au point par M. Lesage lui-même,
qui concédait beaucoup à M. Kierans. Victoire morale,
également, dans la décision du congrès de donner suite
au vœu maintes fois exprimé par M. René Lévesque en
faveur d'une prise de position sur l'assainissement des
finances des partis politiques, prise de position que le
chef du parti a endossée et s'est engagé à défendre en
Chambre ; victoire morale, enfin, dans le spectaculaire
désaveu adressé par la salle en colère au président sortant,
le docteur Irénée Lapierre, qui avait dans une interview
à Radio-Canada souhaité le départ de René Lévesque. »

L'ART DE PERSUADER

René Lévesque est un homme chaleureux. Sa vivacité d'expression est telle qu'en l'écoutant on a parfois l'impression d'entendre un enregistrement qui tourne à une vitesse accélérée. La couleur de son vocabulaire et la sincérité de son accent furent aussi au nombre de ses atouts politiques. Toutes ses qualités personnelles, jointes à une bonne technique d'information, ont contribué à faire de René Lévesque un leader politique de premier plan.

Si je suis tenté de traiter des succès de Lévesque comme d'un phénomène passé, ce n'est point seulement parce que je réprouve le contenu de ses plus récents discours mais plutôt par suite de ma conviction que la hargne et la rogne qui colorent maintenant son « message » lui feront perdre la large audience dont il a longtemps bénéficié, au Québec et au delà.

Les palabres de mon ancien collègue ont longtemps véhiculé la générosité, la confiance, la fraternité. Maintenant, une pointe de haine, un accent de rancœur, un cri de désespoir percent souvent de ses interventions. C'est un style qui est peut-être de nature à galvaniser l'image du chef chez ses supporteurs mais qui ne saurait entraîner l'appui d'une masse de citoyens[1].

Le passé, malgré ses complexités et ses ambiguïtés, demeurant un terrain d'analyse moins risqué que l'avenir, je

---

[1] *J'écrivais ceci en 1972, ce qui me discrédite en tant que prophète.*

m'empresse de retourner à une certaine journée du printemps 1967.

Une vingtaine de membres du groupe du Club Saint-
Denis se sont donné rendez-vous dans un hôtel des Lauren-
tides pour y risquer une confrontation de leurs points de vues
sur les questions constitutionnelles. Ce sujet délicat, pour ne
pas dire explosif, avait été délibérément laissé de côté lors
des premières réunions de la gauche libérale. Chacun
connaissait le risque de ne pas en arriver à un consensus.

Cette rencontre devait être la minute de vérité. Elle le
fut certainement pour moi, mais dans un sens bien différent
de mes prévisions. Qui présidait les délibérations ? À la vérité,
je ne m'en souviens pas... peut-être bien Marc Brière. Celui-
ci était assis à une extrémité de la table tandis qu'à l'autre
bout se trouvaient Robert Bourassa et Paul Gérin-Lajoie. J'étais
placé au centre, à gauche de René Lévesque. Il fut décidé de
procéder selon la méthode du « tour de table ». Je me souviens
que Lévesque insista pour ne pas parler le premier, mentionn-
nant qu'il n'avait pas eu le temps de se préparer. De mon
côté, j'avais préparé un texte et j'en avais discuté avec quelques
collègues. Ils étaient tombés d'accord pour utiliser mon papier
comme base de discussion. Bourassa et Gérin-Lajoie étaient
de ce nombre.

Chacun y alla de son boniment. Kierans insista sur l'importance de reconnaître l'existence de cinq grandes régions
économiques au Canada. Le tour de Lévesque vint après le
lunch... ou est-ce après la pause café ? Je revois René, accroupi
dans un coin de la salle pour griffonner, sur un bout de papier,
les notes qui devaient servir à son intervention. Quand ce fut
son tour, il parla avec la fougue qu'on lui connaît. Son discours
constituait, en fait, l'ébauche assez précise de ce qui devait
devenir, d'abord sa proposition au congrès libéral de 1967,
puis le manifeste du mouvement Souveraineté-Association.

À ma grande stupéfaction, l'intervention de Lévesque
sembla recueillir un appui important, ce qui me parut inexplicable, compte tenu des positions prises par plusieurs
membres de l'équipe à l'occasion de discussions antérieures
et de la réaction favorable qui avait accueilli, le jour même,
le texte que j'avais proposé... Ce jour-là, je mesurai vraiment
la force de conviction extraordinaire que possédait René
Lévesque. Il venait presque, sous mes yeux, de « vendre de
la neige à des Esquimaux »... ou, ce qui revient au même, la

théorie de l'indépendance à des fédéralistes ! Pour s'en rendre compte, le lecteur pourra bientôt se référer aux documents. Quoi qu'il en soit, je fus le premier, et l'un des rares participants, à signaler ma dissidence. La position de Lévesque était incompatible avec le fédéralisme.

Ce mini-caucus clandestin du 1er avril 1967 eut une telle importance dans l'évolution du Parti libéral et plus particulièrement de son aile gauche qu'il me fallait en révéler ici le contenu, même si, à la vérité, j'ajoute peu à l'information qui avait été diffusée par certains médias à l'époque. L'événement suscita dans le quotidien *La Presse* la rumeur de la fondation d'un nouveau parti politique. Sans en avoir la preuve, j'ai la conviction que cette rumeur avait été encouragée par l'un des participants. Celui-ci devint l'un des premiers promoteurs du mouvement que devait lancer René Lévesque. Je n'ai cependant aucune raison de croire que ce dernier ait été mêlé à cette fuite. Ce n'est d'ailleurs pas son habitude d'élaborer des stratégies à long terme.

Un incident cocasse marqua cette rencontre du groupe de Montréal. Au beau milieu de l'après-midi, pendant que la conversation allait bon train autour de la grande table ovale, l'un des participants se leva discrètement et alla coller son oreille sur la porte close de notre cénacle. Oh ! horreur, il perçut la respiration de « l'espion de Lesage ». C'est du moins le constat que firent plusieurs membres de notre caucus lorsque notre camarade ouvrit la porte avec la rapidité de l'éclair, et tomba à bras raccourcis sur cet interlocuteur indésiré. Le dialogue prit la forme de vigoureux coups de poings. L'ambassadeur n'avait pas de lettres de créance mais il était bien connu comme un organisateur de vieille date, que les scrupules n'avaient jamais étouffé...

Je ne tire aucune leçon particulière de ce dernier incident. Il en va bien autrement de la discussion de ce jour-là. J'ai inscrit à mon journal une moralité : bien peu de gens résistent aux astuces d'un vrai bon vendeur. Parmi ceux qui résistent, il n'y en a pas beaucoup pour le dire sur-le-champ.

Les lecteurs que les questions constitutionnelles intéressent encore, après tant et tant de débats, trouveront en appendice le texte intégral de ma proposition au caucus de ce jour-là. Quant à celui de Lévesque, il était parlé... et nous n'avions pas de magnétophone. L'espion de Lesage ne semblait pas en avoir non plus. Il est donc perdu pour l'histoire. À moins que René n'ait conservé son bout de papier... Mais n'allons pas nous alarmer. Je puis assurer mes lecteurs, la main sur le cœur, que je ne les trompe pas en leur proposant deux versions du discours de Lévesque. La première, datée du 15 septembre 1967, fut présentée par René Lévesque au congrès du Parti libéral de cet automne-là. La deuxième version a été incluse dans le manifeste du mouvement Souveraineté-Association. Elle est datée du 20 mai 1968. (voir appendice page 198)

Dans la proposition que j'avais soumise, la seule revendication relativement radicale était contenue dans le premier paragraphe. *Les provinces* auraient obtenu une juridiction exclusive en matière de sécurité sociale. Il eût sans doute été plus réaliste de prévoir le problème des standards nationaux et le mode de participation fédérale au financement global d'un tel système. Il est intéressant de noter que certains observateurs ne tardèrent pas à formuler ces critiques. Pour la petite histoire, je peux souligner que l'un de ceux-ci et non des moindres, fut nul autre que Claude Castonguay. Quelques années plus tard, devenu ministre dans le gouvernement Bourassa, il se faisait lui-même l'ardent protagoniste de la priorité législative *pour le Québec* en matière de sécurité sociale. Faut-il croire que parfois, l'habit fait le moine ?

Quant au discours de René Lévesque, quelle que soit la version qu'on en retienne, il ne pouvait être conciliable avec le maintien du fédéralisme canadien. Dès le premier paragraphe, on y soutient la théorie de l'État-nation : « D'abord il nous est vital d'assurer une bonne fois, conformément aux exigences complexes et pressantes de notre époque, la sécurité de notre personnalité collective... » Il était facile de prévoir, dès ce 1er avril 1967, que Lévesque posait les prémisses d'un raisonnement qui ne pouvait le mener qu'à préconiser l'indépendance du Québec.

René Lévesque

Puisque les besoins de mon récit m'ont fait aborder l'un des traits caractéristiques de la personnalité de René Lévesque, pourquoi ne pas m'attarder un instant au personnage ? J'ai déjà mentionné son pouvoir de persuasion. Sa capacité d'improviser est plus étonnante encore.

J'ai vraiment connu René Lévesque durant la grève des réalisateurs de Radio-Canada en 1958. À cette époque, nous faisions tous les deux le même métier. J'ajouterai en toute simplicité que Lévesque avait acquis, en tant que commentateur et animateur à la télévision, une notoriété et un prestige auxquels je n'ai jamais prétendu. Sans que nous soyons personnellement impliqués dans le conflit, nos sympathies syndicales (dans mon cas, ces sympathies s'additionnaient d'un travail à mi-temps à la C.S.N.) nous placèrent d'emblée du côté des grévistes. Jean Marchand, alors président de la C.S.N., Jean-Louis Roux, président de la Société des auteurs, Jean Duceppe, président de l'Union des artistes, et René Lévesque, l'animateur de *Point de mire*, étaient les grandes vedettes d'une lutte qui a marqué une étape importante dans l'histoire du syndicalisme des cadres au Canada. Lévesque était de tous les comités, mais il y était comme il fut par la suite au cabinet provincial, au caucus des députés libéraux et comme sans doute il l'est encore aux réunions du P.Q., c'est-à-dire régulièrement en retard. Avec Jean Marchand, Jean Duceppe et quelques autres, il partageait la difficile tâche des harangues quotidiennes à l'assemblée des grévistes et des sympathisants. À lui seul, il a certainement rempli les trois quarts du temps de parole. Plus d'un matin son discours dépassa les quatre-vingt-dix minutes. En voilà un qui n'aurait jamais été accepté comme curé de paroisse !

C'est à l'Assemblée nationale, de juin 66 à la fin de l'année 67, que j'ai pu mieux comprendre la technique de cet orateur né qu'est René Lévesque. Combien de fois je l'ai vu arriver au beau milieu d'un débat, voyageant pendant dix minutes d'un fauteuil à l'autre, s'enquérant auprès de ses collègues des arguments qui avaient été énoncés depuis le début de la séance par les représentants de son parti et par les porte-parole ministériels (de l'Union nationale). Puis, comme je l'avais vu faire durant la grève de Radio-Canada, comme il avait fait au fameux caucus du Mont-Tremblant et comme il continue sûrement de le faire, il griffonnait quelques mots sur un bout de papier. Il était prêt pour une intervention substantielle. Mais, connaissant parfaitement tous les secrets du métier, il attendait le moment propice pour placer son nom sur la liste des orateurs. Les vieux routiers savent en effet, mais ils se gardent bien de le dire aux autres, qu'il y a certaines heures propices pour obtenir une bonne couverture. Le député qui se lève immédiatement après la période des questions, ou à la reprise des débats à huit heures, doit être un foudre d'éloquence s'il veut obtenir deux lignes dans les journaux du lendemain. Par ailleurs, les paroles prononcées en Chambre de cinq à six heures de l'après-midi ont une plus-value, comme les fraises au mois de janvier.

Pour la fougue, pour la chaleur du verbe, pour la spontanéité, je suppose que l'on pourrait faire un parallèle entre Lévesque et Armand Lavergne ou un Jean-François Pouliot. Mais ce sont là des orateurs politiques que je n'ai pas connus personnellement. Si l'on s'en tient au style et non au fond du discours, on pourrait aussi établir une parenté entre Lévesque et Camillien Houde. Bien sûr, c'est un rapprochement qui ferait bondir Lévesque.

Pour Lévesque, que je connais bien, je me dois d'ajouter que son talent d'improvisateur lui joue parfois des tours. La magie du verbe et le langage imagé ne sont pas toujours synonymes de rigueur intellectuelle, ni même d'exactitude. Devant une presse qui lui serait hostile (cela ne s'est pas encore produit à ma connaissance), René Lévesque serait forcé de sacrifier la forme de son discours et devrait se méfier davantage des raccourcis dont il s'accommode souvent.

Post-scriptum (janvier 87)

Je viens de terminer la lecture du livre publié par Pierre Godin, aux Éditions de l'Homme : Les frères divorcés. *Les deux personnages principaux de l'excellent récit du journaliste-écrivain sont, évidemment, Robert Bourassa et René Lévesque. Le fameux caucus dont je viens de donner ma version est raconté par Godin. Il écrit notamment :*

> « *C'est plutôt Bourassa, disciple hautement fidèle de Lévesque, qui s'est mis avec Gérin-Lajoie et Lefebvre, pour rédiger un exposé sur l'avenir politique, économique et constitutionnel du Québec dans la Confédération. Conclusion unanime et sereinement modérée des trois auteurs : le futur québécois, son éden constitutionnel, ne peut se trouver ailleurs que dans un statut spécial à l'intérieur du Canada accompagné de pouvoirs plus étendus en matière économique et culturelle. (...)* »

Cette interprétation des faits est inexacte. Le lecteur que passionnent encore les débats constitutionnels n'a qu'à parcourir le premier texte reproduit à l'appendice 1 du présent ouvrage pour constater qu'il n'y est pas question d'un statut spécial pour le Québec mais bien d'une décentralisation de certains pouvoirs aux provinces.

Pierre Godin n'était évidemment pas présent au mini-caucus libéral du 1ᵉʳ avril 1967. Il a cependant interrogé plusieurs des participants. Pas votre serviteur ! Je lui aurais volontiers donné copie du texte en litige, puisque j'en suis l'auteur et que je l'avais conservé précieusement.

Je m'empresse de dire que le livre de Godin est très intéressant. J'en recommande volontiers la lecture. Sans être partisan, l'auteur semble avoir un petit penchant personnel pour le radicalisme... constitutionnel. Cette tendance est assez répandue parmi les gens de plume !

Comme je raconte plus loin l'évolution qui s'est faite au sein du Parti libéral entre le printemps 67, le congrès libéral de l'automne, et le congrès de l'année suivante, je n'entreprendrai pas ici de récit parallèle à mon manuscrit original. Ma lecture des événements est différente de celle de Pierre Godin. Aux lecteurs, aidés des historiens, à faire un choix. Mais je ne puis résister à l'occasion de faire observer à la génération de mes enfants et de mes petits-enfants que les Québécois de ma génération ont souvent succombé à la tentation de la surenchère constitutionnelle. J'espère que dans l'avenir, les Québécois accorderont leur attention aux contenus politiques plutôt qu'aux contenants. Les réformes constitutionnelles peuvent constituer un marché de dupes si elles ne font que changer les détenteurs d'un pouvoir donné. Ce qui importe pour le citoyen, c'est l'usage que l'on propose de faire de cette capacité constitutionnelle d'agir !

LA MENACE DE
L'HOMME FORT

Peu de temps après le mini-caucus du Mont-Tremblant, la plupart de ceux qui y avaient participé se rendaient compte des divisions profondes qui allaient bientôt faire éclater une aile gauche déjà bien peu garnie.

Le 22 avril 1967, je discute avec Paul Gérin-Lajoie des moyens à prendre pour sortir de l'impasse. Je suggère un plan d'ensemble que nous pourrions proposer au chef en vue de corriger l'image de troupe en déroute que nous projetons. Le plan comportant, en particulier, l'élimination du bois mort dans le cabinet fantôme, dont l'ineffable Bona (Arsenault). Le projet prévoyait aussi que Claude Wagner ne s'occuperait plus du dossier de la justice. Ses positions en Chambre figeaient le sang de plus d'un. Paul était bien d'accord sur l'idée mais la croyait peu réaliste. Il avait raison. Jean Lesage reçut la suggestion poliment mais ne bougea pas.

Ce même samedi 22 avril 1967, il y eut une dégustation de vins et fromages dans le comté voisin du mien, celui de Saint-Laurent. C'est là que la menace de l'homme fort devait se concrétiser de façon spectaculaire. Quelque cinq cents militants libéraux et amis du député Léo Pearson étaient réunis dans une salle d'école pour cette soirée-bénéfice. Le chef du parti est à la table d'honneur, en compagnie du député et de l'ex-ministre de la Justice : Claude Wagner. Au moment des présentations, M. Lesage reçoit une salve d'applaudissements polis. Soixante secondes plus tard, la mention du nom de Claude Wagner provoque une véritable ovation. On le réclame, on veut l'entendre. Une gêne bien compréhensible s'empare des membres du comité d'organisation. Le président de la soirée annonce que le premier orateur sera le chef du parti et s'empresse d'ajouter que sûrement, même si ce n'était pas prévu, M. Wagner se fera un plaisir de dire quelques mots.

M. Lesage, comme il en avait l'habitude, s'est tiré fort élégamment de cette circonstance difficile. Puis, son tour venu, Claude Wagner prononce ses « quelques mots ». Mais il le fait sur le ton d'apocalypse qui caractérise tous ses discours. Il termine en déclarant : « Forts de l'appui des honnêtes gens, nous allons continuer le combat ! » Cette déclaration péremptoire lui vaut un véritable triomphe. De quel combat au juste s'agissait-il ? Pourquoi l'appui des honnêtes gens était-il si indispensable ? Ce n'est certainement pas la pègre qui était responsable de notre piètre performance en Chambre.

À ma table, on n'osait pas applaudir trop fort. Mais... la psychologie des sexes comporte des mystères insondables pour les profanes. Même dans le beau et grand comté d'Ahuntsic, Claude Wagner était la coqueluche des électrices. Elles déclaraient l'aimer, non seulement parce qu'il projetait l'image de la force mais aussi parce qu'il était... beau ! Cela m'a toujours dépassé. Il faut dire que je pourrais difficilement fournir une liste d'hommes qui se définissent par leur beauté. Pour les femmes, je trouve cela plus facile... Serais-je sexiste ?

Du plomb dans l'aile

Claude Wagner n'était pourtant pas, à cette époque, le seul représentant de l'aile droite du parti à marquer des points. Plusieurs observateurs des débats parlementaires avaient noté que l'oiseau libéral volait souvent à la droite du pouvoir. Ce fut le cas, en particulier, pour le débat sur le bill 21. Il s'agissait de la loi créant les Collèges d'enseignement général et professionnel, nos désormais célèbres CÉGEPS. À cette occasion, nous vécûmes, au salon de la race, une assez curieuse aventure. Réussissant à museler l'extrême droite de l'Union nationale, Daniel Johnson avait mobilisé son caucus derrière un bill aux allures avant-gardistes, pour l'époque. On osait proposer, par exemple, la non-confessionnalité des nouveaux collèges, en plus de la gratuité.

Les interventions les plus conservatrices à l'Assemblée législative furent faites par deux libéraux : Jean Bienvenu et Émilien Lafrance. Pour ma part, j'avais préparé un texte dont j'espérais faire la plate-forme du parti. Je demandai à cet effet la convocation d'un caucus spécial. Il y en eut DEUX... mais ils aboutirent à une impasse. L'aile droite et l'aile gauche ne pouvaient se rapprocher. La direction du parti ne voulait pas se mouiller... Comme on ne prend jamais de vote au caucus, j'en fus quitte pour publier mon projet de discours. Ce texte me valut, à quelques jours d'intervalle, une lettre de félicitations d'un évêque et une excommunication du curé de ma paroisse. Comme la bénédiction était arrivée avant l'homélie dominicale, j'étais mieux préparé à l'épreuve. D'ailleurs, j'étais en bonne compagnie car mon curé, à ce qu'on m'a raconté, avait excommunié, dans le même pronunciamento : le député d'Ahuntsic... et les Jésuites. Le drame pour moi, c'est que le Parti libéral était bien plus près de mon curé que de mon correspondant épiscopal ! (Je n'en suis pas absolument certain mais je crois bien que ce dernier était Mgr Coderre, alors évêque de Saint-Jean.)

Pour corroborer mes souvenirs personnels quant au conservatisme du Parti libéral dans ce dossier, je citerai le compte rendu du journal *Le Devoir* du 22 juin 1967.

« L'étude en troisième lecture du bill 21 créant les Collèges d'enseignement général et professionnel a été marquée hier par l'intervention de deux députés libéraux, M. Émilien Lafrance, de Richmond, et M. Lucien Cliche, d'Abitibi-Est qui, tout en approuvant le projet de loi dans son ensemble, se sont dits insatisfaits par la représentation des parents dans l'administration des CÉGEPS.

M. Cliche, qui a été le plus catégorique, a réclamé que le nombre de représentants des parents soit porté à dix sur un total d'une trentaine d'administrateurs et non de quatre sur dix-neuf comme le prévoit le bill actuellement. Le député libéral s'est aussi prononcé en faveur de l'instruction religieuse obligatoire pour les étudiants de 16, 17, 18 et 19 ans, qui « ont besoin de principes religieux afin de devenir de meilleurs citoyens ».

MM. Cliche et Lafrance ont aussi fait l'éloge de nos institutions privées, se portant particulièrement à la défense des collèges classiques qui ont assuré la formation de l'élite québécoise. Quant au député de Richmond (Émilien Lafrance), il a lancé un appel aux parents québécois pour qu'ils s'occupent de leurs affaires et a fustigé ceux qui voudraient faire table rase du passé.

Les propos des deux députés ont été applaudis par tous leurs collègues libéraux présents à la Chambre. Aucun député de l'Union nationale n'a formulé de critiques contre le projet de loi à ce stade final de l'étude. »

Je me suis permis de souligner le dernier paragraphe de ce compte rendu. Il va sans dire que le député d'Ahuntsic, votre serviteur, et plusieurs autres collègues libéraux avaient choisi d'utiliser un privilège parlementaire de vieille date qui ressemble à s'y méprendre à la satisfaction d'un besoin naturel. Nous étions donc absents pendant que certains de nos collègues applaudissaient des discours auxquels nous étions allergiques.

Les figures les plus pittoresques de l'aile droite du parti étaient donc : Claude Wagner, Émilien Lafrance et Lucien Cliche. Bona Arsenault était certainement à droite mais ne peut entrer dans aucune catégorie, étant plus pittoresque que conservateur. Quant à Jean Bienvenu et Louis-Philippe Lacroix, ils étaient conservateurs à fond, mais je ne leur ai jamais découvert de côté pittoresque ! Puisque nous voilà entrés à la galerie, allons-y de quelques portraits plus réjouissants.

Paul Gérin-Lajoie : Longtemps avant de le connaître, j'avais une grande admiration pour lui. Peu d'hommes politiques dans l'histoire du Québec ont manifesté autant de talent pour mobiliser la population autour de projets de réforme répondant à des besoins réels. Ces réformes n'en bouleversaient pas moins de vieilles habitudes et des intérêts puissants. C'est lui qui a inauguré la coutume des tournées ministérielles, en dehors des périodes électorales. La bataille du bill 60 (création du ministère de l'Éducation) et l'opération 55 (régionalisation des commissions scolaires) constituent des pages mémorables de l'histoire politique du Québec. Ces campagnes d'éducation furent menées de main de maître. Il est facile aujourd'hui de mettre le doigt sur les ratés de la réforme scolaire. Pourtant, si l'on veut bien se replacer dans le contexte des années 60, on conviendra qu'il fallait beaucoup de clairvoyance, d'audace et de persévérance pour sortir notre système d'éducation de la boule à mites où il était englouti. Le Québec pourra se compter chanceux s'il retrouve, dans l'avenir, quelques ministres de l'Éducation capables de mener d'aussi bonne manière les mises à jour qui s'imposent encore, dans nos petites écoles comme dans nos grandes.

S'il a su, mieux que quiconque, dialoguer avec les citoyens et leur fournir l'occasion de participer à l'élaboration de ses politiques, P.G.-L. (comme on l'appelait familièrement) ne fut pas un tribun ni une idole populaire. Une certaine froideur dans la démarche, une correction légèrement exagérée dans le costume et dans l'expression, pour tout dire une allure aristocratique. Voilà ce qui a été son handicap dans sa relation avec les électeurs. Et P.G.-L. était assez intelligent pour s'en rendre compte. Je me souviens que quelques mois avant qu'il décide d'abandonner la partie, nous avions eu un entretien amical sur son avenir politique. Ce n'était un secret pour personne que Paul avait des ambitions à la succession de Jean Lesage. On se rappellera qu'il avait été un candidat malheureux au congrès de leadership de 1958, où Lesage avait été élu. En 1968, ses ambitions n'étaient pas moins grandes, ni moins justifiées. P.G.-L. me demande donc ce qu'il lui manque, à mon avis, pour être un candidat victorieux. Le lecteur qui a lu attentivement le bref portrait que je viens de tracer devinera ma réponse. Les autres lecteurs auront le choix : ne pas comprendre ma réponse ou relire le portrait (!) Ma suggestion à P.G.-L. fut donc de passer dix jours à ne fréquenter que les tavernes !

Paul Gérin-Lajoie, en dépit de talents exceptionnels, avait donc un handicap, qui tenait à sa personnalité. Il en avait un deuxième, celui d'avoir été le responsable politique de la réforme de l'éducation. Comme on l'a vu, tout le monde n'était pas d'accord avec cette aventure, aussi courageuse qu'elle était nécessaire. P.G.-L. a lui-même réglé son destin politique en quittant le navire deux mois avant que le poste de capitaine soit ouvert. Cela, pas plus que nos divergences de vues occasionnelles, n'a empêché que mon admiration pour Paul Gérin-Lajoie ne se transforme en amitié. J'espère que les historiens lui accorderont l'attention qu'il mérite de la communauté québécoise.

Eric Kierans : J'ai déjà décrit l'épopée de la troïka. Il me faut écrire quelques mots sur son héraut. Si les hasards de la vie ne le ramènent jamais sur mon chemin, ajoutant ainsi à mes informations, voici l'image que je conserverai de mon ancien collègue : homme vif d'esprit, généreux, plus doué pour la parole que pour la conduite des hommes. En dépit de cela, il avait la réputation d'avoir rescapé plus d'une entreprise en mauvaises affaires. Mais pour le genre d'entreprise qui nous a réunis, je l'ai trouvé un peu casse-cou certains jours et, de façon générale, peu enclin à travailler en équipe. Plusieurs de ceux qui s'étaient morfondus pour le faire élire ont été déçus sous ce rapport. Attiré par mille et une choses, toujours entre deux avions, Eric n'avait que fort peu de temps pour le dialogue, encore moins pour la concertation. Dès son élection à la présidence, il avait même très peu d'occasions de participer aux travaux de la Chambre ! C'était un activiste. Mais, chez lui, aucune trace de mesquinerie. Il devait démissionner de l'Assemblée législative le 3 mai 1968. Je ne l'ai revu qu'une fois par la suite, rue Sherbrooke, près de l'Université McGill... et il était encore pressé !

Jérôme Choquette : Même s'il participait aux réunions de la gauche montréalaise, Jérôme a toujours conservé la confiance de Jean Lesage. Peut-être le député d'Outremont était-il très peu à gauche du centre et celui de Jean-Talon légèrement à droite ! Et puis, non seulement ils étaient membres de la même confrérie mais ils l'étaient de la même façon. Nous entrons ici dans un type d'argumentation plutôt subjectif... Ce que je veux insinuer, mon lecteur le comprendra s'il a plus d'un ou d'une amie dans la même profession. N'avez-vous pas remarqué déjà que certains notaires, médecins ou curés, ou professeurs... sont si marqués par leur métier que vous pourriez deviner leur profession même si vous les retrouviez nus sur une banquise de la terre de Baffin ? Ou presque ! Dans mon esprit, Jérôme Choquette est ce genre de plaideur. C'est aussi un gros travailleur, batailleur, fougueux, intelligent, assez irascible. Il a la tripe à gauche mais l'esprit à droite. Malgré tout, nous avons passé de très bons moments ensemble. Un détail qui allait échapper à mon journal : il était fort patient avec ses collègues moins habiles que lui au golf. Merci Jérôme !

LE DIVORCE

J'en arrive aux circonstances qui ont amené l'événement spectaculaire du 14 octobre 1967. Le fougueux député du comté de Laurier quitte les rangs du Parti libéral du Québec. La cause prochaine de ce dénouement spectaculaire se retrouve certainement dans la position constitutionnelle prise par René Lévesque lors du caucus clandestin du 1er avril 1967, position qu'il a maintenue au congrès plénier du parti en octobre. Quant aux causes éloignées, elles sont multiples. L'évolution de Lévesque vers un nationalisme de plus en plus exacerbé s'était faite graduellement. On peut dire aussi, dans la mesure où ce genre de comparaison est valable, que le mariage entre Lévesque et le Parti libéral avait été accompli sans grande dépense d'amour ! « Ti-Poil », comme ses confrères de la députation libérale le nommaient, les jours où ils étaient en colère contre lui, avait vécu, de 1960 à 1967, comme un poisson de mer dans l'eau douce. Je savais pertinemment, qu'entre 1960 et 1966, il avait souvent parlé de quitter le Parti libéral. Mais à l'époque, il ne semblait vraiment avoir aucun plan de rechange. Personnellement, je suis porté à croire que l'idée de prendre lui-même la direction d'un mouvement politique fondé sur le nationalisme ne lui est pas venue avant 1967. Chose certaine, je ne l'aurais pas suivi en 1966 si j'avais prévu qu'il naviguerait dans cette direction.

Dans son éditorial du 16 octobre 1967, Claude Ryan écrit :

« Il faudra des semaines, voire des mois, pour mesurer toute la signification des événements qui ont marqué, en fin de semaine, le congrès libéral tenu à Québec. Dans les couloirs du Château Frontenac, hier, on pouvait lire sur à peu près tous les visages, une impression de soulagement. Les personnes qu'on rencontrait étaient cependant interloquées dès qu'on les invitait à préciser les conséquences probables des événements dont elles venaient d'être les témoins.

La vérité, c'est qu'une opération chirurgicale majeure a été faite mais que nul ne peut prévoir aujourd'hui, quels en seront les effets à long terme. »

Ayant vécu moi-même la difficile expérience de défendre des idées de réforme et de changement dans le cadre d'une formation où la tendance conservatrice est nettement majoritaire, je puis comprendre l'inconfort d'un René Lévesque dans le Parti libéral du Québec. Mais dans le cas de Lévesque, il n'y eut pas que l'idéologie qui fit problème. Les questions de personnalité et de style y jouèrent un rôle important.

Les deux textes qui furent présentés au congrès annuel de 1967 du Parti libéral visaient la même cible : définir la position du parti en matière constitutionnelle. Ils sont, malheureusement, un peu longs. Le lecteur pressé voudra peut-être en esquiver la lecture. Mais ici, le mémorialiste n'a pas le choix. Je me dois de reproduire ces deux documents vraiment historiques... et quelques paragraphes d'un texte qui a fait couler beaucoup d'encre à l'époque : le célèbre rapport Gérin-Lajoie. L'auteur principal de ce fameux rapport, auquel le nom de P.G.-L. devait être attaché, ne fut nul autre que le futur ministre péquiste : Jacques-Yvan Morin. Autant je suis certain de cette paternité, puisque je servis souvent de messager pour transporter les versions successives d'Outremont à Québec, autant je demeure dans le noir, ou dans le gris, sur les raisons de cette attribution de tâches. Gérin-Lajoie est constitutionnaliste de formation. Il aurait très bien pu écrire le texte lui-même. Peut-être avait-il perdu, durant ses années comme membre du cabinet, l'habitude de la plume ? Et l'ère du pitonnage à domicile n'était pas encore venue !

Nous voici donc au congrès du Parti libéral du Québec. Le 15 octobre, plus précisément. La proposition présentée par René Lévesque se lit comme suit :

« Il y a des moments clés de son existence où l'audace et le courage tranquilles deviennent pour un peuple la seule forme de prudence qui s'impose.

S'il n'accepte alors le risque calculé des grandes étapes, il peut manquer sa carrière à tout jamais, exactement comme l'homme qui a peur de la vie.

Or, sur le chemin de la survie assurée et du progrès permanent où il n'est permis à aucun peuple de s'arrêter, nous piétinons depuis quelque temps à un carrefour crucial : il s'agit de choisir le statut politique qui nous convient le mieux, c'est-à-dire la voie qui nous permette d'accomplir le plus sûrement et le plus efficacement les étapes nécessaires.

D'une part, le Québec s'est attaché depuis quelques années à un exténuant « rattrapage » collectif dans une foule de domaines où les retards s'étaient accumulés. Si incomplètes et imparfaites qu'elles soient, les réalisations nous ont déjà permis de découvrir que plus nous acceptons de faire notre « ouvrage » nous-mêmes, plus nous nous sentons capables tout compte fait de réussir aussi bien que les autres. Ce sentiment très normal d'être mieux servi par soi-même, s'ajoutant à l'inévitable pression des besoins et des aspirations qui monte sans cesse, a eu pour résultat l'établissement d'un dossier de plus en plus précis et qui va s'allongeant : celui des pouvoirs dont le Québec s'aperçoit qu'il ne saurait se passer, et des instruments et ressources qu'il lui faut pour les exercer. Ce dossier, sans cesse repris et que plus personne n'a le droit d'ignorer, constitue pour nous un strict minimum.

Mais d'autre part, il nous semble que ce serait rêver de croire que, pour le reste du pays, il puisse s'agir là d'autre chose que d'un maximum tout à fait inacceptable. Dans une optique de simple révision ou même de refonte constitutionnelle, ce que nous avons à réclamer dépasse de toute évidence non seulement les meilleures intentions qui se manifestent à Ottawa et dans *l'autre majorité,* mais sans doute aussi l'aptitude même du présent régime fédéral à y consentir sans éclater.

Si le Québec s'engageait dans des pourparlers de révision des cadres actuels et qu'il y persistait, il est clair que dans cent ans il ne serait pas encore sorti du bois. Mais alors, il est bien probable que cette nation qui cherche présentement à s'y faire une patrie acceptable ne vaudrait plus guère qu'on en parle. Car ce serait périodiquement le retour lamentable à la vieille lutte défensive et aux escarmouches dans lesquelles on s'épuise en négligeant le principal, avec les rechutes dans l'électoralisme à deux niveaux, les illusions pernicieuses du nationalisme verbal et SURTOUT cet invraisemblable gaspillage d'énergie qui, pour nous, est sûrement l'aspect le plus néfaste du régime.

Or, ce gaspillage d'énergie, on en souffre aussi du côté anglais du Canada. Le régime empêche tout aussi bien l'autre majorité de simplifier, de rationaliser et de centraliser comme elle voudrait des institutions qui lui apparaissent, à elle aussi, désuètes. Épreuve qu'elle endure avec un sentiment de frustration qui risque de toute évidence de devenir bientôt intolérable.

Dans cette quête parallèle de deux sécurités et de deux progrès collectifs, si l'on prétendait la poursuivre dans les structures actuelles ou quoi que ce soit d'approchant, on ne pourrait aboutir qu'à une double paralysie. Cherchant en fin de compte la même chose — la chance de vivre leur vie, à leur façon, selon leurs besoins et leurs priorités — les deux majorités ne pourraient aller que se cognant toujours plus durement l'une contre l'autre et se faisant réciproquement un mal qui finirait par être sans remède. »

« Nous CROYONS qu'il est possible d'éviter ce cul-de-sac conjoint en adaptant à notre situation les deux grands courants qui dominent notre époque : celui de la liberté des peuples et celui des groupements politiques et économiques librement négociés.

Convaincus, en outre, que le danger réside bien moins dans une option claire et nette que dans les présentes hésitations et l'instabilité croissante qui les accompagne,

Nous PROPOSONS donc ce qui suit :

1°- Il faut d'abord nous débarrasser complètement d'un régime fédéral complètement dépassé, le problème ne pouvant se dénouer ni dans le maintien ni dans aucun aménagement du statu quo.

Cela veut dire que nous devons oser saisir pour nous l'entière liberté du Québec, son droit à tout le contenu essentiel de l'indépendance, c'est-à-dire à la pleine maîtrise de toutes et chacune de ses principales décisions collectives.

Cela veut dire que le Québec doit devenir un État souverain.

Là seulement, nous trouverons enfin cette sécurité de notre « être » collectif qui, autrement, ne pourrait que demeurer incertaine et boiteuse. Là seulement, nous aurons enfin l'occasion — et l'obligation — de déployer au maximum nos énergies et nos talents pour résoudre, sans excuse comme sans échappatoire, toutes les questions importantes qui nous concernent.

En plus d'être la seule solution logique à la présente impasse canadienne, c'est là aussi l'unique but commun qui soit exaltant au point de nous rassembler tous, assez unis et assez forts pour affronter tous les avenirs possibles.

2°- Au Canada anglais, il faut alors proposer de maintenir une association non seulement de voisins mais de partenaires dans une entreprise commune sans laquelle il nous serait, aux uns et aux autres, presque impossible de conserver et de développer sur ce continent des sociétés distinctes des États-Unis.

Cette entreprise, elle est faite essentiellement des liens, des activités complémentaires, des innombrables intimités économiques dans lesquelles nous avons appris à vivre. Nous n'en détruirions l'armature que pour avoir tôt ou tard, peut-être trop tard, à la rebâtir. Une telle association nous semble faite sur mesure pour nous permettre, sans l'embarras de rigidités constitutionnelles, de faire les mises en commun, avec les consultations permanentes, les souples ajustements et les mécanismes appropriés, qu'exige notre intérêt économique commun : union monétaire, communauté tarifaire, coordination des politiques fiscales... À quoi rien n'interdirait, à mesure que nous apprendrions à mieux nous comprendre et à mieux coopérer dans ce contexte nouveau, d'ajouter librement d'autres secteurs où la même communauté d'action nous paraîtrait mutuellement avantageuse.

Bref, un régime dans lequel deux nations, l'une dont la patrie serait le Québec, l'autre réarrangeant à son gré le reste du pays, qui s'associent dans une adaptation originale de la formule courante des marchés communs, pour former un nouvel ensemble qui pourrait, par exemple, s'appeler l'Union Canadienne. »

La souque à la corde constitutionnelle

Pour ceux qui savent lire... dans les réalités politiques, il n'y a que peu de différence entre l'indépendantisme du R.I.N. et la position du futur et éphémère mouvement Souveraineté-Association dont Lévesque élaborait la plate-forme lors du congrès libéral d'octobre 67.

La vérité historique impose aussi une autre constatation. Entre la thèse de Lévesque et celle qu'en tant que président du Comité des Affaires constitutionnelles du Parti libéral, Paul Gérin-Lajoie avait élaborée, il n'y avait pas non plus une si grande différence. C'est dans l'approche que l'on pouvait distinguer ces deux positions. Mais en supposant qu'elles puissent être appliquées parallèlement ou alternativement, ce qui est impossible, on peut très bien faire l'hypothèse que le résultat eût été le même. Aussi, ai-je un peu de peine à partager le verdict de l'éditorialiste Cyrille Felteau qui écrivait, dans *La Presse* du 16 octobre, à propos du congrès qui venait de se terminer :

> « On le sait maintenant sans équivoque, son option est celle du statut particulier dans une Confédération rénovée. Adoptée par une majorité écrasante au congrès du Québec, la résolution Gérin-Lajoie permet aux organes du parti d'étudier en profondeur le contenu de la formule du statut particulier. Nombre d'observateurs ont vu dans le projet mis au point par l'ancien ministre de l'Éducation beaucoup de similitudes avec celui du député de Laurier. À leurs yeux, M. Lévesque dit clairement ce que M. Gérin-Lajoie laisse entendre en une langue beaucoup moins directe. Mais ce que le second entend obtenir par étapes, en gardant le Québec au sein de la Confédération, le premier veut l'arracher tout de suite, de façon assez brutale. Toute la différence est là. On admettra qu'elle est de taille. »

À mon humble avis, ce qu'il aurait fallu noter surtout, c'est la distance énorme entre la résolution Gérin-Lajoie et le rapport Gérin-Lajoie qui devait passer à l'histoire comme l'apologie du « statut particulier ». Je comprends fort bien l'éditorialiste de n'avoir point noté cette dimension, pour la bonne raison qu'il pouvait difficilement la connaître. En effet, du 1er septembre 67 (peut-être l'opération commença-t-elle un peu plus tôt, je ne saurais m'en souvenir) au 14 octobre, pas moins de quatre versions du rapport Gérin-Lajoie furent rédigées. Chacun de ces textes donna lieu à des discussions homériques, soit au Comité exécutif du parti (où je fus invité à siéger pour la circonstance), soit au caucus, soit dans les associations de comté. Si l'on sait que l'un des conseillers de Paul Gérin-Lajoie, dans la préparation de ce rapport, fut Jacques-Yvan Morin (aujourd'hui l'un des hommes clés du P.Q.), on ne sera pas outre mesure étonné que la section sur les « pouvoirs essentiels à l'État du Québec », dans le texte original (rédigé au cours de l'été 1967) se lisait comme suit :

33- Si le Québec doit posséder des institutions législatives, gouvernementales et judiciaires qui correspondent à ses besoins et à ses aspirations propres, il va de soi qu'il doit aussi posséder les compétences ou les pouvoirs législatifs et administratifs qui lui permettent d'organiser la vie collective des Québécois également selon leurs besoins et leurs aspirations propres.

34- Nous avons esquissé au début de ce document les circonstances et les éléments qui conditionnent les besoins et les aspirations du Québec et qui sont à la base de la personnalité collective distincte de notre coin d'Amérique du Nord. Il reste ici à se demander quels sont les pouvoirs législatifs et administratifs qui paraissent essentiels à la conservation et au développement de cette personnalité selon ses propres lignes de force. Bien sûr, on pourrait affirmer que, d'une façon, tous les gestes et par conséquent, tous les pouvoirs d'un État ont une influence directe et indirecte sur le développement de la personnalité collective d'un peuple. Mais à une époque où l'interdépendance des nations est inscrite dans la réalité quotidienne au point que dans tous les coins de l'univers et particulièrement dans le monde occidental, les États cherchent avec anxiété des formules de rapprochement et de coordination, on doit se demander quel est le minimum des pouvoirs qui ne peuvent être laissés à une autorité extérieure sans mettre en danger sa personnalité collective.

35- Parler de notre personnalité collective c'est tout de suite évoquer tout ce qui touche directement à la langue et à la culture : la culture individuelle par les institutions d'enseignement et les arts (activités artistiques) ; la culture des masses par le cinéma, la radio et la télévision.

36- La sécurité et l'assistance sociales sont trop directement liées à la structure et aux valeurs d'une société pour que l'État du Québec n'en ait pas la responsabilité exclusive alors que, de plus, des raisons d'efficacité politique et administrative exigent que ce secteur soit la responsabilité d'un seul gouvernement.

37- Tout le secteur de la main-d'œuvre, déjà entièrement relié à deux des compétences majeures du Québec, l'Éducation et le Travail, et soulevant des problèmes particuliers au Québec en raison de la langue et de la culture des travailleurs québécois, ne peut certainement pas échapper à l'État du Québec, pas plus que tout le domaine de l'éducation des adultes et la formation professionnelle.

38- Il apparaît évident que les responsabilités qu'assume et qu'assumera l'État du Québec exigent qu'il ait des pouvoirs plus étendus en ce qui concerne l'orientation de son développement économique. Celui-ci influence tellement l'activité étatique et le développement complet d'une collectivité et, d'autre part, est conditionné à un tel point par l'éducation, la main-d'œuvre, le travail, la sécurité sociale, la politique fiscale, les investissements publics, qu'il est impensable que l'État du Québec n'ait aucun pouvoir sur des matières comme la monnaie, le crédit ou la politique tarifaire. Cela n'implique pas nécessairement que le Québec ait sa propre monnaie ou établisse ses propres douanes, mais il doit nécessairement participer à l'établissement de la politique monétaire et tarifaire qui le concerne. Il s'agit là d'un instrument trop important dans l'organisation du développement collectif pour qu'il en soit écarté.

39- Les compétences en matière de mariage et de divorce, en matière d'assurances, de sociétés et de faillite, sont très étroitement reliées au droit civil et à la propriété et devraient être accordées à l'État du Québec.

40- Celui-ci, déjà responsable de l'organisation des tribunaux et ayant déjà la compétence en matière de droit civil et de procédure civile, devrait posséder des pouvoirs identiques en droit criminel et en procédure criminelle.

41- Dans le monde actuel, si l'État du Québec veut exercer efficacement ses pouvoirs et assurer un développement maximum de la collectivité et des individus du Québec, il doit avoir la plénitude de la souveraineté pour les pouvoirs qu'il possède en exclusivité et se voir reconnaître une personnalité internationale dans ces domaines de façon à pouvoir négocier des ententes internationales et participer aux organismes internationaux dont l'activité s'étend aux secteurs de sa souveraineté propre.

42- Ces pouvoirs perdraient une partie de leur signification si l'État du Québec n'avait pas, par ailleurs, la capacité de modifier sa propre constitution sans aucune restriction.

43- Nous avons donné cette énumération — pour laquelle nous nous sommes inspirés des diverses études préparées au cours des dernières années, particulièrement dans le cadre des travaux du comité parlementaire de la Constitution — de façon à illustrer les pouvoirs dont nous voulons voir le Québec doté en plus de ceux qu'il possède déjà. Cet ensemble de pouvoirs, l'État du Québec devra les exercer en toute souveraineté sans qu'il y ait d'entraves possibles, comme c'est le cas actuellement. Ceci implique évidemment que les entraves actuelles disparaîtront de même que les moyens utilisés pour les accomplir.

44- Par-dessus tout, il faut être bien conscient que l'État du Québec ne saurait exercer cet ensemble de pouvoirs, sans une augmentation considérable de ses ressources financières.

45- La souveraineté du Québec dans cet éventail de domaines fondamentaux constitue la mesure de l'auto-détermination sans laquelle il serait désormais impossible d'assurer le développement de la personnalité collective du Québec. Cette souveraineté, jointe à une nouvelle constitution du Québec, devrait cependant permettre d'organiser le développement de la collectivité québécoise selon ses aspirations propres. »

Pour établir la décantation que les débats successifs autour de ce texte original occasionnèrent, il me tarde de rappeler le texte de la résolution qui fut effectivement votée, par une majorité écrasante, lors du congrès d'octobre 67. Le texte qui suit avait été, par suite de diverses tractations et, si ma mémoire est bonne, d'une résolution en bonne et due forme adoptée sur le plancher même du congrès, le seul à être maintenu à l'ordre du jour pour faire pendant au texte de la résolution de Lévesque. De cette façon, on avait voulu, avec raison je crois, que le congrès puisse facilement marquer son choix entre deux orientations relativement claires. L'association libérale d'Ahuntsic et plusieurs autres proposeurs y perdirent les efforts qui avaient été accomplis afin de soumettre à l'attention des délégués une proposition encore plus précise quant aux objectifs constitutionnels du P.L.Q. Quoi qu'il en soit, voici donc le texte de la résolution adoptée par une écrasante majorité et qui élimina la résolution de René Lévesque :

« LE PARTI LIBÉRAL DU QUÉBEC, s'appuyant sur le rapport du Comité des Affaires constitutionnelles soumis au Congrès de la Fédération libérale du Québec, le 14 octobre 1967, affirme que :

1.- libre de toute attache extérieure, il entend consacrer toute son activité au bien-être des Québécois et à la promotion de leurs intérêts politiques, économiques, culturels et sociaux ;

2.- fier de la prise de conscience collective de la nation canadienne-française, certain d'y avoir contribué, il entend faire du Québec un État dynamique et prospère, véritable point d'appui du Canada français ;

3.- il reconnaît que d'importants aspects de la vie nationale échappent encore à la collectivité canadienne-française et que la constitution canadienne a été, en pratique, la source de nombreuses injustices ;

7.- la nouvelle constitution du Canada doit prévoir entre autres la création d'un véritable tribunal constitutionnel et une déclaration des droits collectifs des minorités et des majorités au Canada ;

8.- le Québec doit élaborer et adopter une constitution interne qui soit sa loi fondamentale et qui prévoit notamment une déclaration des droits de l'homme, y compris les droits économiques et sociaux ;

9. le Comité parlementaire de la constitution doit être immédiatement convoqué pour entreprendre sans délai :
a) l'élaboration de la constitution interne du Québec ;
b) la préparation de propositions précises du Québec sur la nouvelle constitution du Canada.

LE PARTI LIBÉRAL DU QUÉBEC prend solennellement les options de principe contenues dans cette résolution et il les propose d'ores et déjà au peuple québécois. Il est résolu à poursuivre l'étude des modalités selon lesquelles ces options peuvent être réalisées et il fera part à la population de ses conclusions au cours des prochains mois. Finalement, il s'engage, dès qu'il aura reçu la responsabilité du gouvernement, à consigner le tout dans les formes juridiques appropriées, et à le soumettre à l'approbation du peuple du Québec. »

Le lecteur aura noté que la résolution votée par le congrès diffère du rapport Gérin-Lajoie, tant par son contenu que par son style. Si elle contient une référence directe au « statut particulier », la résolution n'est empreinte d'aucun triomphalisme d'origine nationaliste. On a donc assisté à une sorte de décantation de la pensée nationaliste très évidente dans le rapport P.G.-L. À dire vrai, le texte original parrainé par le député de Vaudreuil-Soulanges comportait beaucoup de traits communs avec celui du député de Laurier. L'évolution vers une position que j'appellerais plus fonctionnelle (ne liant pas la décentralisation des pouvoirs à une revendication nationaliste) allait se poursuivre au congrès suivant du parti. Une nouvelle résolution fut adoptée en 1968 qui devait conduire au slogan du « fédéralisme rentable » à l'élection de 1970. Mais le courant nationaliste devait se manifester à nouveau en 1971 en rapport avec le projet de Charte de Victoria. C'est alors que le gouvernement Bourassa revendiqua la priorité législative *pour le Québec* en matière de sécurité sociale. Mais c'est là un tout autre chapitre de ce grand jeu du balancier autour du nationalisme québécois.

UN NATIONALISME NOUVEAU ?

Note de l'auteur : décembre 1986

Comme le temps passe vite ! Depuis que le texte suivant a été écrit, bien des choses ont changé. À preuve, je suis sept fois grand-père. En 1972, ce bonheur était encore à venir.

Je comprendrais le lecteur de ressentir, comme je viens de le faire moi-même en me relisant, un certain malaise. On ne parle plus guère de Dubcek ni de Staline... les maoïstes québécois sont plutôt à la retraite... le nationalisme n'est plus triomphant... c'est le moins qu'on puisse dire... Allais-je mettre ce chapitre aux archives ou m'en servir pour allumer mon foyer ? Après avoir consulté un comité que je présidais moi-même et dont j'étais le seul membre, j'ai opté pour la conservation intégrale du texte et l'ajout de la présente note explicative... ou aggravante.

Certes, je dirais les choses autrement aujourd'hui, puisque le climat socio-politico-culturel du Québec a beaucoup changé. Mais, je le répète, sans vouloir tourner le fer dans la plaie, le nationalisme m'inspire toujours les mêmes craintes. Et je continue de croire que notre société est porteuse d'autres solutions à ses immenses besoins de changements que cette dose massive de fierté nationale dont les effets secondaires... enfin, je ne vais pas recommencer !

Dès le début de ma vie adulte j'ai choisi le camp des réformistes. Cela tient sans doute beaucoup à mes fréquentations, je n'en tire pas gloire. Cela me valut d'être considéré, à l'occasion, comme gauchiste, communisant et autres catégories aussi flatteuses. Quoi qu'il en soit, maintenant à la veille d'être grand-père, j'ai le sentiment de n'être ni moins ni plus radical qu'à dix-huit ans.

Pressé de définir son idéologie, l'auteur américain J.K. Galbraith a déclaré :

« En définitive, je ne suis pas un révolutionnaire. Je n'accepte pas le dilemme capitalisme-communisme. Je crois que nous pouvons nous épargner le traumatisme d'une révolution et aboutir à quelque chose qui sera plus satisfaisant que le communisme et que le capitalisme. »

Les étiquettes, quelles qu'elles soient, ont autant de sens que d'usagers. Quelle commune mesure y a-t-il entre un Dubcek et un Staline ? Pourtant, ils logeaient à la même enseigne ! Il serait facile de montrer des écarts semblables entre divers tenants du capitalisme. Quant à moi, je n'ai aucune peine à admettre que le régime de la libre entreprise ne nous a pas donné accès au paradis terrestre. Il n'a pourtant pas produit que des fruits amers, comme le prétendent nos maoïstes. Toutes les idéologies étant vécues de façons différentes, selon les personnes et les circonstances, il en est de même du nationalisme. Mon expérience personnelle m'a cependant démontré que cette nouvelle-vieille vague québécoise devait être observée d'un œil critique.

Lorsque j'étais plus jeune, les hommes de gauche étaient peu nombreux au Québec. Ils étaient certainement plus clairsemés que les nationalistes. Ceux-ci, plutôt réactionnaires au plan social, se recrutaient en général parmi la génération des quarante ans et plus. L'éventail idéologique du Québec de 1972 est beaucoup plus complexe. Nombreux sont ceux, chez les jeunes, chez les intellectuels surtout, qui disent loger à la double enseigne d'un certain socialisme et d'un nationalisme certain. Je demeure sceptique. Ainsi, la C.S.N. d'aujourd'hui respecterait beaucoup mieux son militantisme historique en s'engageant dans le syndicalisme multinational qu'en flirtant avec le Parti québécois. Le mot multinational ne doit pas être ici confondu avec un vague internationalisme. Il s'agit de rien de moins que d'une réponse moderne et adéquate aux entreprises multinationales.

Le nationalisme québécois, comme tous les nationalismes, fait appel au vouloir vivre collectif. On veut cristalliser les énergies de la collectivité en utilisant comme véhicule la fierté nationale (prise ici dans le sens d'ethnique). Or, s'il est évident qu'une société ne saurait progresser à moins qu'elle tende vers la réalisation d'objectifs communautaires, il est loin d'être démontré que le globalisme nationaliste et la polarisation de toutes les énergies vers la dimension ethnique soient la route la plus sûre vers le progrès.

Les débats qui ont marqué l'évolution du Parti libéral du Québec, dans la dernière partie de la décennie 60, comme ceux qui déchirent aujourd'hui la C.S.N. et qui occupent la première place dans l'ensemble de la société québécoise, se sont faits et se font encore autour du dilemme progrès *social* ou progrès *national*. Depuis ma lointaine initiation aux problèmes sociaux, je n'ai cessé de croire (et de voir) que l'idéologie nationaliste risquait d'orienter l'évolution de la société au détriment des intérêts les plus fondamentaux de la masse des citoyens. Cette hypothèse constitue à toutes fins pratiques la trame de fond du récit que j'ai fait de ma courte expérience de vie parlementaire.

Le contestataire positif

Dans cette chronique, j'ai commenté les événements du point de vue de mon clan, celui des contestataires positifs ! Et quel est le code d'éthique du contestataire positif qui vit en terre québécoise ? Ne pas nier l'évidence et reconnaître les injustices et les inégalités inacceptables qui accablent encore notre société... mais ne pas accepter, au nom du romantisme idéologique à la mode du jour, de plonger inutilement tout un peuple dans une aventure qui consisterait à détruire ou affaiblir les bases mêmes de cette justice incomplète mais réelle qui a commencé de s'établir chez nous.

Selon mon lexique, un contestataire positif ne peut pas bouffer du nationalisme, ni au petit déjeuner, ni lors du 5 à 7 ! Cette abstinence repose sur une lecture de l'expérience québécoise. Certes, c'est *une* lecture, chacun ne fait jamais que la sienne. On ne voit rien par les yeux d'autrui. C'est peut-être dommage, mais c'est le propre de l'homme, une fois qu'il dépasse l'enfance, de se méfier de ses semblables. En matière de microbes, j'ai une foi de charbonnier au médecin ou au biologiste ; lorsqu'il s'agit de l'atome, je respecte le

physicien. Pour la politique, je ne me fie qu'à moi-même...
et je conseille à chacun d'en faire autant !

Je sais parfaitement que je nage à contre-courant en
refusant de flotter dans l'euphorie nationaliste. Bientôt, même
les dogmes chrétiens menacent d'avoir une petite coloration
québécoise. Mais cette découverte ne m'apporte que des
odeurs de réchauffé car, il y a vingt-cinq ans déjà, Michel
Chartrand nous annonçait que nous allions nous sauver ou
nous damner « en Canadiens français ». Quant à moi, les
mystères du salut, de la grâce et du péché m'ont toujours
semblé sans commune mesure avec les accidents géographiques.

À l'époque où Chartrand prêchait son premier évangile,
j'étais à la J.E.C. J'ai pu y comparer la mentalité de cette
maison avec celle de sa « rivale », de nationaliste mémoire,
l'A.C.J.C., bientôt suivie des Jeunes Laurentiens. L'air du large
et l'ouverture sur le monde, comparé à l'odeur de poussière
des tuyaux de castors de la Saint-Jean-Baptiste ! Dans le
mouvement coopératif, j'ai eu l'occasion d'apprendre que les
Canadiens français n'avaient pas le monopole du patriotisme
et de l'esprit civique. Il y a plus d'un domaine où nous avons
traîné de l'arrière dans le contexte canadien. La Confédération des Travailleurs catholiques du Canada, puis la C.S.N.,
que j'ai connues et longtemps pratiquées, se battaient durement contre les abus du capitalisme et contre le conservatisme
des pouvoirs publics, sans se prendre pour Mao Tsé Tung,
et sans prétendre que les travailleurs québécois, qui votaient
d'ailleurs bleu ou rouge à tour de bras, se confondaient avec
les coolies de Canton, avec les noirs du Texas ou avec les
mineurs indiens de Bolivie. Toute la tradition de la C.S.N.,
avant qu'un groupe de permanents, appuyés par les cols blancs
et les fonctionnaires, fassent basculer le pendule, est ouverte
au monde et exempte du complexe nationaliste (du moins
pour la partie que j'ai vécue, de 1954 à 1964). Aujourd'hui,
il est certain que les travailleurs industriels du Québec auraient
tout intérêt à « front-communier » avec leurs confrères des
autres pays occidentaux au moins autant qu'avec les membres
de la Corporation des Enseignants du Québec. Cela saute aux
yeux, il me semble, d'un lecteur non endoctriné ni enfariné
par une certaine propagande.

J'ai siégé au Bureau des gouverneurs de la radiodiffu-
sion, l'ancêtre de l'actuelle Commission de la Radio Télévision

Canadienne. En 1964, il m'a fallu batailler assez durement pour obtenir la traduction simultanée aux audiences publiques du B.G.R., à Vancouver et ailleurs au Canada. Cette expérience, qui a duré deux ans, m'a confirmé qu'un groupe minoritaire ne saurait progresser, ni même subsister, s'il n'est pas prêt à lutter. J'ai aussi, durant cette même période, rencontré des fonctionnaires incompétents qui comptaient sur « le scandale de la discrimination » pour obtenir des promotions ! Ce premier pèlerinage de deux ans « à Ottawa » se conclut par une distinction très nette entre les combats qu'une minorité doit nécessairement mener pour régler certains problèmes collectifs et une idéologie globale au nom de laquelle on prétendrait régler tous les problèmes d'une collectivité.

Je suis Canadien français, donc minoritaire au Canada et minoritaire dans les affaires, même au Québec. Si une injustice m'est faite en tant que Canadien français, c'est une injustice, parmi d'autres. Il faut y remédier. Ce que je n'aime pas dans le nationalisme, c'est qu'il se présente comme *la* solution. Ma petite expérience (j'ai quand même vécu, les yeux ouverts, pendant 45 ans) m'enseigne que le nationalisme crée autant d'injustices qu'il en règle ou du moins qu'il en ignore plus qu'il en voit.

Le nationalisme québécois (et le nationalisme ethnique à travers le monde) porte en lui les avantages et les inconvénients de tout dogmatisme : ses vérités sont faciles, trop faciles à identifier. C'est pourquoi chaque jour apporte sa moisson d'hérétiques !

Voici encore quelques anecdotes sur ma fréquentation du nationalisme québécois.

Lorsque à l'âge de 17 ans j'étais à parfaire mon cours secondaire au collège Roussin (chez les frères du Sacré-Cœur), je me fis remarquer des autorités pour mes talents de « palabreur ». Il n'en fallait pas plus pour que mes professeurs songeassent à me faire initier dans l'Ordre de Jacques-Cartier[1]. Foi d'*Émerillon*, la chose fut faite en moins de temps qu'il n'en faut pour le dire. Je ne fus pas outre mesure impressionné par la conception du bien commun que l'on se faisait, en haut lieu, à l'O.J.-C.

---

[1] *Il s'agissait d'une société secrète, assez florissante dans les années 40 et 50.*

L'homme est ainsi fait qu'il a toujours tendance à se regarder le nombril. Pourtant, celui qui accepte un credo politique qui, par définition, englobe tous les citoyens sans distinction, sera peut-être moins porté à se refermer sur lui-même ou sur un groupe en particulier. S'il le fait quand même, il sera d'autant moins excusable d'avoir raté d'aussi loin *la* solution.

Du collège, où je me trouvais en 1944, retournons à l'école, plus précisément à la Commission des Écoles catholiques de Montréal, où je revins en 1961, mais cette fois comme administrateur. La C.E.C.M. d'avant la révolution, comme le défunt Département de l'Instruction publique (dont le frère Untel a prononcé une si belle oraison funèbre), était un château fort du nationalisme québécois. Il n'en reste pas moins que les débats et les études sur le problème de l'intégration des élèves néo-canadiens au groupe anglophone, plutôt qu'au secteur francophone, m'apprirent, longtemps avant le bill 63, que les nationalistes avaient su allier le « patriotisme » et la xénophobie. Plus d'un principal d'école française avait encouragé des immigrants à placer leurs enfants à l'école anglaise !

Certains disent que le nationalisme des années 70 est bien différent de celui que nous avons connu... autrefois ! C'est à voir. Sa lecture des faits, des priorités et ses « solutions » me semblent souvent de la même famille que leurs ancêtres de l'époque de l'achat chez nous et de l'O.J.-C.

Coup d'œil sur la décennie 70

Sous la poussée combinée de la scolarisation, de l'expansion économique et d'une conscience politique plus aguerrie, notre image collective s'est transformée, au cours des dernières années, un peu comme se transforme l'adolescent dont les habits se déchirent à toutes les coutures et qui bourgeonne comme un lilas. Il n'en fallait pas plus pour que les définisseurs de situations se mettent à l'œuvre. Comment expliquer ce premier miracle québécois de l'ère moderne et comment prénommer la source des miracles nouveaux qu'il reste à réaliser pour atteindre notre objectif collectif ? Certes, il y a grande ambiguïté autour de cet objectif. Admettons d'abord que les protagonistes nouveaux de la vieille philosophie nationaliste (qui voudraient se donner pour les seuls définisseurs de notre situation actuelle et se prétendent même les prophètes d'un mouvement irréversible) ont le vent dans les voiles. Si l'on veut suivre la mode, on est forcé de croire que les périls sont de langue anglaise et que les paradis logent à l'ombre de la francophonie, de l'autodétermination et de l'indépendance. Ottawa, par ailleurs, est le symbole de l'assimilation et Québec, celui du progrès et de l'émancipation. Les Québécois sont invités à placer leur salut dans des symboles de puissance. Trop souvent, on néglige de proposer des contenus précis pour ces politiques de prestige « national ».

Certains disent que la vague nationaliste est irréversible. Je n'en crois rien. Le serait-elle..., cela ne me fera pas changer d'avis. Plus je lis les propagandistes du nationalisme québécois, plus ils m'apparaissent comme des marchands d'illusions. Cela ne m'empêche aucunement de garder pour quelques-uns d'entre eux une amitié profonde. Mon allergie pour leur philosophie ne fait malgré tout que s'accroître.

Notre conscience collective

La dialectique nationaliste voudrait que notre passé, aussi bien que notre avenir, loge tout entier dans ce qu'ils appellent « la conscience nationale ». J'ai bien peur que le drame réel, pour l'immense majorité des Québécois, ne soit pas là. Je suis de ceux qui croient que le fait dominant des quinze dernières années au Québec, ce n'est pas la révolution tranquille, ni la réforme scolaire, ni le débat constitutionnel, mais bien la crise religieuse. La rapidité phénoménale avec laquelle les Canadiens français du Québec ont modifié leur attitude vis-à-vis de la pratique religieuse a eu, il me semble, des conséquences immenses sur l'ensemble des comportements collectifs et individuels. Que l'on songe aux habitudes sexuelles, aux relations parents-maîtres, à l'attitude des citoyens vis-à-vis de l'autorité, à l'attitude des jeunes et des moins jeunes vis-à-vis du problème des loisirs et de l'ensemble de la vie, il est indéniable que l'abandon de cette sorte de loi mosaïque que constituait, pour trop de catholiques québécois, la religion traditionnelle, a fait perdre pied à plusieurs. On aura compris, je l'espère, que mon propos n'est pas ici de passer un jugement moralisateur sur l'évolution religieuse de notre milieu. Je constate simplement, avec un certain nombre d'observateurs, que nous avons été collectivement traumatisés par cette évolution. Nous étions, jadis, fort portés sur l'excommunication et les pronunciamientos apocalyptiques. Plusieurs ont transposé le dogmatisme dont ils avaient été, soit les victimes, soit les propagandistes, vers une religion nouvelle : le nationalisme.

L'autre fait dominant de la révolution culturelle au Québec c'est que nous sommes demeurés des consommateurs effrénés. En dépit des poètes de la québécité, nous sommes, en général, aussi matérialistes que l'ensemble des Nord-Américains.

LA MI-TEMPS

En janvier 1968, le gouvernement de l'Union nationale se trouvait à peu près à mi-chemin de son mandat. Daniel Johnson, le Danny Boy des premières années de la décennie, s'était mué en un homme d'État. Du moins, il en avait l'image et, soyons bons princes, il en avait aussi plusieurs des qualités. Qu'était devenue, de son côté, la valeureuse opposition libérale ? Hélas ! elle avait surtout connu des mésaventures et n'avait pas encore ingéré les leçons de la défaite. Pour y trouver un soupçon d'esprit de réforme il fallait s'armer d'une loupe.

Après la malhabile et douloureuse expérience de la troïka, à l'automne 66, j'avais dû croiser le fer avec mes deux meilleurs amis dans le parti : René Lévesque et Paul Gérin-Lajoie. Dans les deux cas, nos divergences portaient sur le problème constitutionnel. En décembre 1967, les membres du caucus libéral avaient vécu les fausses retrouvailles dont j'ai parlé au tout début de cette chronique. Nous avions aussi connu une véritable humiliation lors du débat sur la loi des collèges. Mon moral de libéral de gauche ne pouvait être excellent.

Pourtant, le 8 février 1968, Réginald Martel écrit dans le quotidien *La Presse :*

« Le député libéral d'Ahuntsic à l'Assemblée législative, M. Jean-Paul Lefebvre, a présenté aux membres du club Richelieu-Montréal une sorte de contre-manifeste, réponse à Option-Québec de M. René Lévesque. Dans

un texte de vingt-six pages livré à l'avance à la presse, le
député évoque l'émergence de nouvelles forces dans la
société québécoise et propose un virage vers le centre-
gauche pour un parti politique québécois dont on ne sait
trop si c'est le sien. »

Effectivement, il s'agissait pour moi d'un ultime effort pour
revitaliser le Parti libéral. Je n'ai jamais cru et je ne crois pas
encore à la possibilité ni à l'utilité d'un parti de gauche de
style doctrinaire au Québec. Faire progresser la société par
une certaine radicalisation et une constante évolution des
forces enracinées dans le milieu, voilà l'approche que je privi-
légie. Même si elle est décriée par les socialistes de salon[1].

En février 1968, j'avais « mon voyage ». Et pour cause !
Mon collègue et ami Paul Gérin-Lajoie se posait beaucoup de
questions sur son avenir politique. Déjà, René Lévesque et
Éric Kierans avaient quitté... C'est vraiment par acquit de
conscience que je proposais à mon parti un virage aussi nécessaire qu'improbable. Donnons à nouveau la parole à Réginald
Martel et à son analyse de la situation :

> « (On pourrait noter ici que la réaction des libéraux
> québécois au départ de Lévesque, lors du congrès d'oc-
> tobre, n'a pas eu tellement l'occasion de s'organiser et de
> se manifester. D'abord, l'Assemblée législative n'a pas
> siégé depuis lors. De plus, les États généraux du Canada
> français, la Conférence sur la Confédération de demain,
> la Conférence constitutionnelle de M. Pearson sont autant
> d'événements qui ont forcé le parti de M. Lesage à
> demeurer dans l'ombre. Le départ de M. Kierans, associé
> longtemps à M. Lévesque dans une politique réformiste,
> ne manque pas non plus de rendre difficile le sursaut
> d'un parti profondément affaibli et encore divisé.)

Les changements qu'a subis depuis dix ans la société
québécoise, selon M. Lefebvre, sont plus profonds que

---

[1] *J'ai écrit cela en 1972. En quatorze ans, il se passe bien des choses. Premièrement,
en ce qui concerne ma tribu, ce sont maintenant mes enfants et mes petits-enfants
qui s'occupent du dossier. Je ne voudrais rien décider qui puisse leur nuire ! Je
me permettrai cependant de souligner, dans ma position de 1972, le mot* doctrinaire. *À la condition que l'on évite l'esprit de ghetto qui a souvent caractérisé
les mouvements de gauche au Québec, je n'exclurais pas l'émergence d'une nouvelle
formation politique. Ou disons, l'émergence nouvelle d'une vieille formation politique. Qui soit social-démocrate, par exemple. Mais laissons chaque génération
régler ses affaires !*

tout le monde le croit : il y a eu recul de la religion, expansion de l'indépendantisme, réflexion collective dynamique des étudiants, syndicalisation accrue, etc.

Nous vivons donc dans une période survoltée et « l'important, c'est qu'on se soucie de polariser toutes les énergies dans une perspective de progrès ». Dans le domaine politique en particulier, il s'agit de fournir au peuple du Québec des options claires qui permettent de dégager sans équivoque les désirs de la majorité quant au type de société qu'elle désire édifier.

M. Lefebvre cite quatre pièces nouvelles de l'échiquier politique : la voix des pauvres, voix nouvelle ; l'intérêt accru des syndicats pour l'action politique, qui laisse entrevoir une force nouvelle en gestation ; le mouvement coopératif, qui sortira de son action trop discrète jusqu'à ce jour ; enfin, l'impatience des technocrates, des jeunes et des femmes.

Qu'arrivera-t-il à une prochaine élection provinciale ? demande le député d'Ahuntsic. Il croit possible un front commun du R.N., du R.I.N. et du M.S.A. (mouvement Souveraineté-Association) auquel il faut répondre par « l'identification d'une force de centre-gauche. »

Le Parti libéral, dans l'état où il se trouvait à l'hiver 1968 ne pouvait que faire du sur-place... où courir à la droite de l'Union nationale. Si j'avais vraiment eu le goût de la conspiration, comme certains l'ont prétendu en 1970, c'est à ce moment-là que je serais passé à l'action. Mais constatant que mon manifeste était tombé en terrain stérile, je décidai plutôt de tirer ma révérence. Le 19 février 1968, je demandai à deux de mes collègues, Jérôme Choquette et Léo Pearson, de bien vouloir contresigner, comme témoins, ma lettre de démission comme membre de l'Assemblée législative. Je me proposais de faire parvenir cette lettre au Président de l'Assemblée en même temps que j'adresserais aux médias un communiqué expliquant les raisons de mon geste.

La lettre ne fut jamais livrée à Rémi Paul et le communiqué est demeuré dans mon classeur. Dès que la nouvelle de mes intentions parvint (j'ai toujours soupçonné l'un de mes témoins) aux oreilles de la direction du parti, une avalanche de pressions me tomba dessus. Jean Lesage, Pierre Laporte, Robert Bourassa, Jérôme Choquette me téléphonèrent tour à tour à la maison. On me fit surtout valoir que si je démissionnais à ce moment-là, je risquais de donner un comté à Johnson. Par ailleurs, on multiplia les promesses quant aux réformes que je réclamais. Un comité de l'Exécutif serait immédiatement mis sur pied, auquel on m'invitait à participer, qui serait chargé d'appliquer les recommandations formulées dans un rapport du politicologue Vincent Lemieux. On devait même prendre des mesures pour que l'aile gauche du parti soit mieux représentée au sein de l'Exécutif. Suprême concession enfin, on réviserait les sacro-saints privilèges du « seating » en Chambre de façon telle que ceux qui portaient vraiment le poids des débats parlementaires ne soient pas relégués derrière des reliques comme Bona Arsenault et cie...

Je n'y ai cru qu'à moitié... mais j'ai convenu de ne pas poster ma lettre. Les politiques de Daniel Johnson me plaisaient encore moins que celles du Parti libéral, sauf exception. Après sa mort, je me rendis compte que j'étais pourtant, d'une étrange façon, attaché à cet homme. Peut-être tout simplement parce qu'il « donnait un bon show » dans les débats parlementaires. Ce qui n'est pas négligeable pour un député de l'opposition. Le côté théâtral est quand même indissociable de la démocratie parlementaire telle que nous la pratiquons. Ce n'est sans doute pas glorieux... mais ce doit être moins plat qu'au Kremlin !

En rentrant au bercail, je veux dire à la Chambre, on imagine les quolibets et les sarcasmes que je dus subir de la part de « nos amis d'en face ». Comme toujours, les flèches officielles ne furent pas si méchantes que les insinuations. On laissa entendre, entre autres choses, que l'issue de mes méditations avait été encouragée par un argument sous forme d'espèces sonnantes. Un chiffre fut même mentionné. (Je ne me serais pas vendu pour si peu !) Ce sont là les aménités courantes que certains politiciens procurent à leurs adversaires, parfois même à leurs alliés ! Chacun a sa façon de réagir. Pour ma part, j'admets être très sensible à la méchanceté, voire à l'indélicatesse chez les gens que je respecte. Les autres ne sauraient me blesser. Cela ne veut pas dire qu'ils ne font aucun tort. Quoi qu'il en soit, la hargne de quelques représentants haut placés du parti au pouvoir me confirma que j'avais bien fait de ne pas abandonner un siège dont ils avaient si grande envie.

À propos d'abandon de poste, une anecdote me revient en mémoire. Je la relate pour encourager mes jeunes concitoyens à toujours revendiquer leurs droits, même quand cela ne leur paraît pas absolument nécessaire. Cela peut servir à d'autres...

Lorsque je me suis lancé en politique active, en mai 1966, j'étais à l'emploi de la Commission des Écoles catholiques de Montréal. Au milieu de la campagne électorale, qui incidemment coïncidait avec mes vacances, les dirigeants de la Commission me déléguèrent un émissaire pour me prier de remettre ma démission : « puisque je serais certainement élu et que ce geste ferait taire ceux qui accusent la Commission de partisanerie ». Me référant à la loi électorale, je fis valoir que de telles accusations étaient farfelues puisque tout employeur était tenu d'accorder un congé sans traitement à un citoyen qui veut poser sa candidature... Or deux ans plus tard, l'un des commissaires de 1966, devenu président de la Commission, demandait un congé semblable pour se présenter aux élections fédérales...

Ce chapitre est à l'enseigne de la mi-temps. J'allais l'oublier. Deux figures émergent de cette mi-temps parlementaire où, en mars 1968, je viens de me replonger.

Maurice Bellemare

Au-delà des couleurs officielles, il y a les styles politiques et la personnalité des hommes ou des femmes politiques. Les affinités naturelles sont facilement observables des galeries, elles sont encore plus transparentes lorsque vous participez à la stratégie parlementaire. Ainsi, en 1972, vous pourriez constituer une équipe assez homogène en regroupant certaines personnalités : un péquiste, un libéral, un unioniste, un créditiste et un uquiste (quel nom barbare, soit dit en passant).

Pour l'heure, je me contenterai de jumeler Maurice Bellemare et Pierre Laporte. Pendant la majeure partie de mon séjour à l'Assemblée, ils se faisaient face, l'un étant le leader parlementaire du gouvernement, l'autre celui de l'opposition. Ne possédant pas de radar pour lire les consciences et mettre à jour les motivations profondes de quiconque, je me contenterai de brosser de rapides portraits, à partir de faits vécus.

À l'instar de Camillien Houde, le parlementaire Maurice Bellemare est avant tout un grand comédien. Il use avec un talent exceptionnel du charme, de la rage, de la menace, de la blague pour arriver à ses fins.

Un jour nous devions entreprendre l'étude du budget du ministère du Travail dont le titulaire était Maurice Belle- mare. Votre serviteur était le critique officiel de l'opposition pour ce dossier. Quelques heures avant l'ouverture de la Chambre, le ministre Bellemare fit circuler le bruit que sa femme, gravement malade, venait d'entrer d'urgence à l'hô- pital. Il fit parvenir la nouvelle à quelques collègues qu'il char- gea de me prévenir, dans l'intention non avouée que je « lui donne une chance ». L'étude des crédits budgétaires cons- titue, il faut le dire, la meilleure occasion pour les membres de l'opposition de faire la critique des politiques gouverne- mentales.

En entrant en Chambre, Pierre Laporte m'informa de la triste nouvelle. Je l'assurai que j'en tiendrais compte, le temps venu, soit après la période des questions d'actualité.

Avant que le ministre se lève pour faire ses remarques préliminaires, je m'empressai de l'assurer, publiquement, que les membres de l'opposition étaient peinés d'apprendre le mauvais état de santé de madame Bellemare et j'offris immé- diatement au ministre de reporter à un autre jour, plus approprié, l'étude de son budget. « Il ne saurait être question, ajoutai-je, que nous faillissions à notre tâche d'analyser sérieusement les politiques et les programmes de son minis- tère mais nous pouvons attendre... » Maurice Bellemare, dans un élan oratoire digne de ses meilleurs jours, nous assura que « l'épreuve qui le frappait si durement ne saurait l'empêcher de faire son devoir... et qu'il était prêt à procéder ».

Le lecteur aura deviné que je n'avais pas cru la nouvelle concernant la santé de madame Bellemare. Je ne pense pas que Laporte y ait cru davantage. Mais... un petit service en attire un autre. La vie parlementaire et politique est remplie de ces curieuses alliances circonstancielles ! Dans ce cas, j'eus la confirmation un an plus tard, par nul autre que le Président de la Chambre qui représentait un comté voisin de celui de Bellemare. Rémi Paul eut tôt fait, après le petit incident que j'ai décrit, de téléphoner à une voisine de madame Bellemare, au Cap-de-la-Madeleine. Celle-ci l'assura que madame Belle- mare devait être en parfaite santé... puisque le matin même elle l'avait aperçue qui lavait ses contre-fenêtres.

La dernière fois que j'ai rencontré Maurice Bellemare, c'était aux funérailles... de Pierre Laporte. Ce dernier, qui avait longtemps siégé à la tribune de la presse au Parlement, avant d'en devenir lui-même une figure importante, avait certainement appris bien des trucs du vieux renard de Champlain. Mais à partir du moment où Laporte est devenu le leader des débats pour l'opposition, on ne pouvait plus parler de maître et d'élève. C'était plutôt un concours entre deux pros.

Pierre Laporte

La déception du député de Chambly, lorsqu'il se classa troisième à la convention au leadership de 1970, dut être immense. Selon les critères de son propre credo politique, il avait tout pour réussir. Au jeu parlementaire, il était passé maître. Sa voix de stentor, son audace, son calme imperturbable (sauf s'il décidait froidement de piquer une colère !), sa maîtrise de la procédure, sa capacité de travail, le fait d'être appuyé par la majorité de ses collègues libéraux à l'Assemblée... Il avait vraiment tout... ou presque. Mais Pierre Laporte était un politicien de la vieille école. Il comptait beaucoup sur les tapes dans le dos et les poignées de mains, les fleurs à Noël et les cartes de souhaits pour l'anniversaire de naissance. À l'époque des communications de masse, ce n'était pas assez. À la télé, il ne passait pas l'écran.

J'ai écrit que Laporte connaissait tous les trucs. En voici deux exemples. Le premier incident eut lieu le 7 juin 1968. En Chambre, Laporte était le bras droit de Jean Lesage. Il faisait face à Maurice Bellemare, leader du gouvernement. En général, ces deux-là s'entendaient comme larrons en foire. À l'occasion, ils se jouaient des tours. Ce jour-là, alors que Lesage était absent de la Chambre, Laporte décida, avec la connivence de ses amis du caucus libéral, d'organiser un *filibuster*. Le marathon de discours commença le vendredi midi et se termina le samedi soir. On dut rapatrier en avion bon nombre de députés qui avaient déjà quitté pour la fin de semaine. Maurice Bellemare était furieux, du moins en apparence. Était-il complice ?

En 1970, alors qu'il était devenu le leader du gouvernement à la Chambre, dans le premier cabinet Bourassa, Laporte dut affronter une opposition systématique du Parti québécois à un projet de loi du gouvernement. Il manœuvra de façon à faire siéger le Comité de la Chambre dans la salle 208, un local confortable pour 20 personnes. Il fallait en loger 50... et le premier porte-parole du gouvernement parla pendant une heure. L'atmosphère devint vite irrespirable et l'opposition perdit sa verve...

Voilà que je m'écarte à nouveau de mon sujet : la mi-temps. Revenons-y sans autre détour.

Un parti en quête de leadership

C'est le titre d'un article de Maurice Giroux dans *La Presse* du vendredi 12 janvier 1968. Après un silence de trois mois, Paul Gérin-Lajoie faisait sa « rentrée » politique en accordant une entrevue à quelques journalistes. Il fit part à cette occasion de sa conception de l'avenir du Parti libéral du Québec et de l'orientation de la société québécoise. Notons bien ce que rapporte Giroux :

> « Certains événements survenus lors du caucus libéral de Châteauguay, les intentions prêtées à Pierre Laporte de briguer la direction du parti, la « rentrée » politique de M. Paul Gérin-Lajoie en ce début d'année : tout porte les observateurs à croire que la course au leadership est définitivement engagée entre MM. Laporte et Gérin-Lajoie. Ce qui s'était manifesté confusément au cours des récents mois prend maintenant la forme d'une certitude dans l'esprit de ceux qui ont suivi les principales péripéties des deux derniers congrès de la Fédération libérale du Québec, celui de 1966 et celui de 1967. Dorénavant, on pourra comparer la « disponibilité » d'un Gérin-Lajoie au travail d'organisation d'un Pierre Laporte. Deux mentalités, deux styles, deux séries d'objectifs désormais susceptibles de s'affronter.
>
> Même si le signal du départ « officiel » de la course demeure une initiative de M. Jean Lesage, les concurrents en lice ne pourront s'empêcher de croiser le fer bien avant cette date, de préférence derrière les portes closes des organes supérieurs du parti.
>
> Le congrès spécial sur la question constitutionnelle marquera cependant une étape décisive, selon que M. Gérin-Lajoie obtienne ou non gain de cause dans le projet qu'il propose.
>
> Le choix d'un nouveau président de la Fédération pourrait également devenir l'occasion d'un « test » important, si l'on décide de ne pas attendre jusqu'au prochain congrès général pour procéder à ce choix. Rien

n'interdit en effet au président intérimaire, M. Jean Lesage, de suggérer la tenue à brève échéance, c'est-à-dire lors du congrès spécial, d'une élection à la présidence.

Dans cette hypothèse, M. Gérin-Lajoie aurait à jouer sur deux tableaux à la fois : élection à la présidence et débat constitutionnel.

Quant à M. Lesage, il semble de plus en plus être aux prises avec une contradiction interne. D'une part, les « bains de foule » qu'il prend périodiquement lors de ses visites en province ont pour effet de le stimuler, de lui donner un regain d'optimisme. D'autre part, de retour à son bureau de Québec, et sans ses contacts avec la députation libérale, on lui présente une image de lui-même qui n'est pas tout à fait reluisante.

S'agit-il là d'un miroir déformant utilisé contre lui pour l'écarter du pouvoir ? S'agit-il du reflet de l'opinion publique ? Seul un sondage sérieux pourrait apporter à M. Lesage la réponse à cette question comportant deux facettes.

Une chose est certaine : la date que choisira le chef du parti libéral pour remettre sa démission aura une portée décisive sur la victoire de son éventuel successeur. Dans ce cas, M. Lesage aura au moins eu la consolation d'avoir présidé à ce choix. »

Le congrès spécial auquel il est fait référence n'eut jamais lieu. Sauf erreur, c'est la tenue de l'élection fédérale de juin 68 qui en provoqua l'annulation. Quoi qu'il en soit, le rapport Gérin-Lajoie (on se souviendra qu'il s'agit du rapport du Comité des Affaires constitutionnelles que présidait Paul Gérin-Lajoie) continuait de faire couler beaucoup d'encre et de salive parmi les militants libéraux. Au cours de l'été 1968, le chef du parti, accompagné de quelques-uns de ses plus proches collaborateurs, effectua une tournée des régions du Québec. Le consensus des militants était clair : ils étaient davantage préoccupés par les problèmes économiques et sociaux que par la question constitutionnelle.

Par crainte d'être injuste et incomplet, mais aussi parce que je n'en ai pas moi-même vécu toutes les étapes, j'hésite à relater le cheminement, dans les cadres du parti aussi bien que dans l'opinion publique, de ce fameux rapport Gérin-

Lajoie. Bien que je l'aie combattu, j'admettrai volontiers que
le texte dont Gérin-Lajoie a accepté la paternité, et dont il
était certainement en bonne partie l'inspirateur, demeure la
meilleure défense de la thèse du statut particulier.

Ce sujet, à lui seul, pourrait faire l'objet d'un livre. Cela
en vaudrait certes la peine si surtout l'entreprise provenait
d'un historien ou d'un politicologue qui ne soit pas lui-même
compromis en faveur d'une thèse ou d'une autre. La raison
de cet intérêt vient du fait que cette « cause » est proprement
une expérience démocratique. Tout au long de l'aventure, il
y a eu médiation entre les réactions populaires et les leaders
qui, à l'origine, avaient mis sur le tapis un certain nombre de
propositions.

Leadership et position constitutionnelle

Le congrès d'octobre 1968 de la Fédération libérale du
Québec marqua une étape importante dans l'interminable
débat constitutionnel. Nous en viendrons bientôt aux données
de ce tournant historique. Auparavant, il me faut faire ressor-
tir la relation entre la course au leadership et le dossier constitutionnel. Je ne saurais mieux faire que d'offrir à mes lecteurs
l'excellente analyse publiée dans *Le Devoir* du 31 août 1968,
sous la signature de Michel Roy. Les derniers paragraphes
sont ici reproduits en caractères gras afin d'en souligner la
pertinence.

Le leadership de M. Lesage paraît avoir franchi un cap décisif (Michel Roy)

Le leadership de M. Jean Lesage, qui paraissait
précaire il y a quelques mois, ne sera pas contesté au
congrès de la Fédération libérale qui aura lieu à Montréal
au début d'octobre. La question ne se pose plus dans les
mêmes termes et le chef du parti s'est affranchi de
l'anxiété que lui causait la perspective d'un départ forcé.
Il domine la situation mieux qu'à tout autre moment
depuis les élections de 1966.

C'est au cours de l'été qu'il a franchi le cap décisif :
les réunions régionales lui ont apporté la preuve que son
prestige reste grand et que sa direction n'est pas remise
en cause. Nulle part n'a-t-on posé le problème, sauf à
Chicoutimi où un ancien député a interpellé le chef à ce

sujet. Ce sont MM. Gérin-Lajoie et Laporte, tous deux aspirants à la succession de M. Lesage, qui ont répondu en faisant l'éloge de l'ancien premier ministre en qui ils ont réitéré leur confiance.

C'est aussi au cours de l'été que divers bruits ont couru sur l'éventuelle accession de M. Jean Marchand à la tête des libéraux du Québec. Le ministre n'ayant jamais démenti formellement ces rumeurs, beaucoup de libéraux ont cru — et croient encore parfois — que le ministre fédéral pourrait quitter Ottawa pour inaugurer une carrière nouvelle à Québec.

M. Marchand, et diverses personnalités de son entourage, ont effectivement envisagé cette hypothèse. On voyait en lui le seul homme capable d'opérer au sein du parti libéral québécois le « redressement » qui s'impose aux yeux des libéraux fédéraux. En l'occurrence, ce redressement supposait, en tout premier lieu, la répudiation du statut particulier tel qu'il est envisagé par M. Gérin-Lajoie.

Les événements ont changé le cours des choses. On pensait à Ottawa que M. Lesage était à la fois prisonnier de la position constitutionnelle adoptée par le caucus l'hiver dernier et sévèrement contesté par son parti. On en concluait donc que M. Laporte ou M. Gérin-Lajoie prendraient la succession à brève échéance. Cette idée inspirait de très vives inquiétudes aux libéraux fédéraux qui se mirent à réfléchir plus sérieusement à l'hypothèse Marchand. Mais on devait plus tard constater deux choses : a) M. Lesage, s'il fut prisonnier de la position constitutionnelle de M. Gérin-Lajoie, cessait de l'être dès lors que les militants de la base, consultés en juillet et août, se montraient ou bien indifférents à l'égard de la question constitutionnelle ou bien méfiants sinon opposés à la thèse de M. Gérin-Lajoie ; b) le leadership de M. Lesage, loin d'être aussi fragile qu'on le disait, était renforcé par les témoignages de confiance recueillis au cours de sa tournée en province.

D'autre part, M. Marchand hésitait beaucoup : son état de santé l'a déjà préoccupé et ses chances d'obtenir rapidement les nombreux concours dont il aurait eu grand besoin n'étaient pas assurées dans un parti qui ne lui pardonne pas encore certains écarts de langage au cours de la campagne fédérale.

Pour s'assurer de l'état d'esprit véritable qui règne chez les libéraux du Québec, une importante personnalité de la Fédération libérale du Canada (section Québec) a procédé récemment à un sondage auprès d'environ 500 militants. Interrogés sur le leadership, 450 des personnes consultées se sont déclarées ou bien indécises ou bien sans opinion dans l'éventualité du départ de M. Lesage; 120 ont indiqué leurs préférences pour M. Laporte et une douzaine ont déclaré qu'elles appuieraient M. Gérin-Lajoie.

Il faut signaler trois autres facteurs qui témoignent de la solidité des positions de M. Lesage, du moins dans un avenir prévisible :

1) les souscripteurs du parti ont confiance en M. Lesage et continuent d'alimenter la caisse ; c'est un signe qui ne trompe pas dans les partis traditionnels ; quand les rentrées sont régulières (en hausse, comme c'est le cas présentement), c'est que le petit univers de la finance n'a pas perdu confiance à l'égard du leader ; et c'est un argument dont celui-ci peut toujours faire valoir...

2) la possibilité d'élections brusquées n'est jamais tout à fait exclue, en raison surtout de l'incertitude qui entoure l'avenir de M. Johnson, et malgré les démentis les plus formels à ce sujet diffusés hier encore ; dans ces conditions, les libéraux voudront conserver à la direction un homme sûr ;

3) le désir et le besoin qu'éprouvent les libéraux du Québec d'offrir enfin à la province le visage d'un parti uni et fort suffisent à rallier les éléments qui, depuis longtemps, estiment qu'il faut changer de chef.

Comme la question du leadership ne sera pas officiellement posée lors du congrès d'octobre, MM. Laporte et Gérin-Lajoie ne peuvent ni insister trop ouvertement sur leur ambition, ni accentuer la cadence de leur campagne en vue d'atteindre un jour la direction. Situation d'autant plus délicate qu'ils ne sont pas, l'un et l'autre, sans savoir que d'autres aspirants leur disputeront un jour la première place, parmi lesquels il faut mentionner Claude Wagner, à moins qu'il ne soit nommé juge par le gouvernement fédéral.

La succession de M. Lesage n'est donc pas ouverte pour l'instant et nul ne saurait dire encore à quel moment très lointain sera seulement envisagée la préparation d'une convention de leadership.

Est-ce à dire que les parlementaires libéraux se félicitent du leadership de leur chef, qu'ils n'ont rien à lui reprocher, qu'ils s'emploient à l'aider, à l'encourager, à l'appuyer ?

Une telle euphorie n'existe pas. Plus de la moitié des députés libéraux ont, un jour ou l'autre, depuis un an, exprimé de sérieuses réserves à l'endroit de leur chef. Ces critiques sont formulées par des hommes de toutes tendances, y compris par ceux-là même qui, sans l'appui de M. Lesage, n'auraient jamais occupé dans son gouvernement les postes importants qui leur furent confiés ; elles émanent de la « droite » autant que de la « gauche ».

Le plus grand reproche qu'on lui adresse, le dénominateur commun des critiques le plus souvent entendues s'énonce brutalement : il n'est plus électoralement rentable. Pour plusieurs, l'autocritique du parti se confond avec la critique du chef.

Mais les députés sont réalistes et savent qu'ils ne peuvent impunément faire sauter leur chef. Au surplus — et c'est peut-être l'atout le plus fort de M. Lesage — ils sont loin de s'entendre sur les qualités et les options politiques de l'éventuel successeur, encore moins sur la personnalité qui les réunirait.

Voilà une très bonne analyse de la situation du Parti libéral du Québec à la veille de son congrès d'octobre 1968.

Septembre 68, après deux ans et quelques mois de chicanes de famille dans l'ensemble du parti, notre formation politique est sérieusement affaiblie. Il est à noter que les luttes se font surtout parmi les membres *seniors* de l'équipe, ceux qui formaient le peloton de tête durant la révolution tranquille. C'est eux qui ont perdu le pouvoir... et ne se le pardonnent pas ! Le 14 septembre, une réunion amicale groupe chez moi Robert Bourassa, Jérôme Choquette, Victor Goldbloom et Jean Marchand (à l'époque ministre fédéral dans le cabinet Trudeau). L'ordre du jour comporte une revue de la situation globale du parti et une étude des moyens possibles de consolider notre position. La lutte entre Pierre Laporte et

Paul Gérin-Lajoie est à ce moment-là si vive et le niveau des tensions dans le parti est si élevé qu'aucun des participants n'est très optimiste quant à l'avenir immédiat. Nous parlons dans la perspective d'une amélioration qui pourrait se produire au début de l'année 1969.

Deux détails significatifs sur l'attitude des participants à cette rencontre méritent d'être notés. Lorsque nous avons quitté mon domicile pour nous rendre au restaurant du quartier où nous devions prolonger la conversation, Victor se retira. J'ai toujours cru, je le dis sans malice, que notre ami Goldbloom ne voulait pas risquer d'être vu en compagnie d'un ministre fédéral. Particulièrement de Jean Marchand, dont le nom circulait beaucoup au sein du Parti libéral du Québec. Autre fait important : après la réunion, mes deux collègues (Bourassa et Choquette) qui connaissaient mes relations de longue date avec l'ancien président de la C.S.N. me firent les plus grands éloges de son sens politique.

Victor Goldbloom

Il ne sera jamais de la gauche, ni de la droite... ni du centre. Il est d'abord du bon côté, le côté gagnant. Dans sa jeunesse, ce fut sûrement un enfant modèle. De 1966 à 1970, ce fut un député modèle et je ne doute pas que dans les moments de tension qu'il vit maintenant au sein du cabinet, il trouve la sérénité en se ralliant à l'opinion majoritaire. Cela dit, Victor Goldbloom est un homme supérieurement intelligent et d'une probité à toute épreuve. Il chantait des airs d'opéra avec la même attention et le même souci de perfection qu'il mettait à préparer ses discours et à soigner ses patients. Durant les quatre années où il a siégé dans l'opposition, il suivait assidûment ses petits malades en utilisant le téléphone du fumoir attenant à l'Assemblée législative. Ce n'est pas lui qui montera le premier aux barricades mais il a, pour cela, une excellente excuse. Quand on est et que l'on se sent membre d'une minorité, on hésite à jouer les commandos. S'il vivait en Israël, Victor Goldbloom ajouterait certainement aux immenses qualités qu'il possède une plus grande aptitude à foncer[1].

Quoi qu'il en soit, le 23 septembre, les quatre qui s'étaient réunis le 13 précédent se retrouvaient au bureau de Jean

---

[1] *J'ai rencontré durant mes dix années de service à Ottawa bon nombre de Canadiens français qui manifestaient cette même tendance... à ne pas se mouiller trop ni trop tôt.*

Lesage, poursuivant la même démarche que nous avions en tête lors de la rencontre avec Marchand : étudier les moyens d'améliorer l'image et surtout la condition réelle du parti. Cette fois encore, nous discutons, entre autres sujets, la question délicate de l'attribution des sièges à l'Assemblée. Nous pestons à nouveau contre le spectacle ridicule d'une rangée de banquettes avant à moitié vide ou occupée par des gens inactifs alors que le jeu est mené à partir des banquettes arrière.

Quelque temps après cette dernière tentative, nous avons fait un gain : Robert Bourassa est passé de la troisième à la deuxième rangée !

Le congrès d'octobre 1968

Les commentateurs ne furent pas tendres à l'endroit des libéraux cet automne-là. Au lendemain du congrès, dans *La Presse* du lundi 7 octobre, Claude Beauchamp et Luc Beauregard écrivent :

> « La formulation de la position constitutionnelle du parti est le fruit d'une longue stratégie qui a permis aux dirigeants d'amener la Fédération libérale à prendre position tout en évitant le débat constitutionnel. Sur le plan interne, le congrès n'aura pas tant scellé l'unité du parti que consacré la consolidation de sa machine, consolidation amorcée dans les tournées régionales. C'est l'unité de l'organisation qui s'est affirmée durant le week-end, plutôt que l'unité entre les diverses têtes d'affiche du parti.

> On reconnaît à M. Lesage lui-même le mérite d'avoir remis à flot l'organisation ; ce fut aussi le fait de MM. Pierre Laporte et Robert Bourassa dont l'appui à M. Lesage, à cette fin, leur permettait à la fois de préparer en sous-main la voie à leur propre candidature et de paralyser leurs concurrents. Tout se passe comme si MM. Laporte et Bourassa avaient réussi à faire accepter un moratoire à leurs concurrents ; une fois levé le moratoire, ils resteront seuls maîtres de la machine qu'ils auront obligeamment consolidée pour M. Lesage. »

Ces commentaires sont un peu crus, ils ne manquent pas de clairvoyance en ce qui concerne la course au leadership. Mais à propos du débat constitutionnel, il y a autre chose à dire. Il est certain qu'en 1968, comme aujourd'hui et comme en tout temps, il y a dans la population une diversité d'opinions. C'est à la fois le signe et la force d'une société démocratique. En matière constitutionnelle, comme sur les autres dossiers, on peut faire son lit politique de façon à courtiser une partie ou une autre de l'électorat. Ce que les dirigeants du Parti libéral du Québec avaient réalisé, à l'occasion des tournées régionales de 1968, c'est que les militants libéraux n'étaient pas particulièrement emballés pour la théorie du « statut particulier ». C'est donc le simple instinct de conservation, plutôt qu'une subtile stratégie, qui les avait amenés à modifier les prises de positions des congrès antérieurs dans le sens d'un fédéralisme décentralisé mais qui n'empruntait plus à la dialectique du nationalisme québécois traditionnel.

Voici d'ailleurs le texte de la résolution votée par le congrès. Elle illustre assez clairement le changement de cap.

« Informés des opinions émises par les militants libéraux lors de la tournée dans les régions ;
Tenant compte que la politique linguistique fait l'objet d'autres résolutions au présent congrès ;
Conscients du fait que l'immense majorité des militants demeurent d'accord sur la position constitutionnelle exprimée dans la résolution du congrès de 1967, tout en émettant des réserves sur l'expression ou l'étiquette « statut particulier » ;

Les membres du Comité des Affaires constitutionnelles formulent les propositions suivantes :

1- Le Parti libéral du Québec est une formation politique strictement québécoise, axée tout entière sur la promotion des intérêts politiques, économiques, sociaux et culturels des citoyens du Québec.

2- Dans le domaine des relations fédérales-provinciales et de l'évolution constitutionnelle, le gouvernement libéral du Québec, de 1960 à 1966, a fait preuve d'un leadership profitable à la fois au Québec et aux autres membres de la Fédération canadienne.

3- Le Parti libéral du Québec, décidé de poursuivre la politique du gouvernement Lesage, appuie son action sur les principes de base suivants :

a) Le Parti libéral du Québec opte, d'une façon nette et sans équivoque, pour le maintien du fédéralisme au Canada. Il réaffirme que la souplesse du système fédératif en fait le régime le plus susceptible de permettre aux Canadiens français d'atteindre leurs objectifs d'épanouissement.

b) Le Québec, principalement en raison de la langue et de la culture de la majorité de ses citoyens, a des besoins qui peuvent différer de ceux du reste du Canada. Il est donc normal que la position de départ du Québec, dans la négociation constitutionnelle, soit différente de celle des autres provinces canadiennes. En conséquence, la négociation que le Parti libéral du Québec s'engage à mener dès la reprise du pouvoir portera en priorité sur un partage nouveau et plus précis des pouvoirs, particulièrement dans les domaines suivants : politique économique, sécurité sociale, santé, mariage et divorce, immigration et main-d'œuvre, ententes internationales, radio et télévision.

Ces principes : Québec fort, option fédéraliste, étant ainsi approuvés, il appartiendra au Comité exécutif du parti et plus tard au gouvernement que formera le Parti libéral du Québec, d'en interpréter les modalités. »

Comme tous les textes qui sont issus d'un accouchement démocratique, celui-ci est le résultat d'une série de compromis et de concessions. Il importe de souligner le troisième paragraphe de la résolution :

« Conscients du fait que l'immense majorité des militants demeurent d'accord sur la position constitutionnelle exprimée dans la résolution du congrès d'octobre 1967, tout en émettant des réserves sur l'expression ou l'étiquette « statut particulier. »

Il est évident que l'intention des auteurs dépasse la lettre de cette phrase. Par cette résolution, la direction du parti, à la suite d'un sondage d'opinions effectué dans toutes les régions du Québec, proposait aux militants libéraux de prendre leur distance par rapport à la symbolique nationaliste mais aussi à la stratégie et aux objectifs du nationalisme. D'ailleurs, le Parti libéral du Québec a gagné l'élection de 1970 sur cette même lancée. C'est là un fait qui me semble indéniable. Je viens de parcourir à nouveau le programme électoral d'avril 1970, on n'y retrouve pas la moindre trace du triomphalisme nationaliste. Le texte du programme officiel s'en tient à peu de chose près à la résolution du congrès de 1968, en matière constitutionnelle. Une analyse détaillée des discours de Robert Bourassa et de ses principaux lieutenants démontrerait certainement que la campagne électorale des libéraux n'a absolument pas mis l'accent sur le « contentieux » Ottawa-Québec et encore moins sur le statut particulier. Certes, les choses devaient se passer différemment après la victoire de 1970 et la formation du premier cabinet Bourassa. Encouragé de l'extérieur par les poussées de fièvre nationaliste qui ont surgi dans les médias, à la C.S.N., dans les universités, les collèges et un peu partout au Québec ; grugé de l'intérieur par une faction non négligeable du cabinet qui partageait ou craignait cette fièvre, le gouvernement Bourassa apparaît, en octobre 1971, avoir réhabilité la notion du « statut particulier ».

Jusque-là, Robert Bourassa avait semblé suivre la politique votée par le congrès de 1968 et favorisait plutôt une révision et une décentralisation de certains pouvoirs. Il y a un monde de différences, au plan de la stratégie politique, entre la théorie du statut particulier et la revendication d'une décentralisation fonctionnelle de certains pouvoirs jusqu'à maintenant détenus par le gouvernement fédéral.

Il demeure que pour le citoyen ou la citoyenne engagé dans l'action politique, il faudra toujours garder en mémoire que les Québécois vivent une sorte d'histoire d'amour avec le nationalisme. Le printemps, l'herbe tendre... Un peu comme dans la fable, ils ont parfois des poussées, des irruptions d'affection nationale. Il faudra parfois un peu plus de courage pour préconiser les changements sociaux, politiques et économiques qui s'imposent sans recourir au commode véhicule de l'émotion nationale !

LES ÉLECTIONS FÉDÉRALES DE JUIN 1968

Les cloisons entre la politique fédérale et la politique provinciale sont moins étanches que certains le souhaiteraient. Aussi, l'événement le plus important et le plus significatif de l'année 68, pour ceux qui étaient à ce moment-là engagés dans l'action politique, fut-il le scrutin fédéral du 25 juin. On se souviendra que ces élections furent décrétées par le nouveau premier ministre du Canada, Pierre Trudeau, presque aussitôt après le congrès au leadership qui lui avait confié la succession de Lester B. Pearson. En février de la même année, celui qui était alors ministre de la Justice avait eu l'occasion de croiser le fer, devant les caméras de la télévision, avec Daniel Johnson. Le premier ministre du Québec n'avait pas eu le beau rôle dans cet échange de vues mais ceux qui ont suivi la politique provinciale des années 50 imagineront sans peine que monsieur Johnson avait bien d'autres raisons de ne pas aimer Pierre Trudeau, non plus que Jean Marchand. Certes, Johnson n'était pas homme à faire passer ses sentiments personnels avant ses intérêts politiques. C'est moins par rancœur personnelle contre un adversaire de vieille date que par souci de se débarrasser d'un adversaire d'aujourd'hui, campé à deux pas du parlement provincial, qu'il décida de faire une lutte à fond au député fédéral de Langelier, le ministre Jean Marchand. L'un de ses organisateurs fut choisi comme candidat officiel du Parti conservateur et des ressources considérables furent fournies à Rodrigue Pageau à qui fut confiée la mission de faire mordre la poussière au ministre fédéral de l'Immigration et de la Main-d'œuvre. Quand on connaît la force légendaire de la machine électorale de l'Union nationale et que l'on tient compte également de la popularité réelle dont jouissait Daniel Johnson à ce moment-là, on comprendra facilement que les amis de Jean Marchand aient eu ce qu'il est convenu d'appeler « une sainte frousse ». Pour ma part, je ne cache pas que la possibilité de voir Rodrigue Pageau remplacer Jean Marchand au sein du parlement fédéral m'apparaissait comme une anomalie inacceptable. Je pris donc l'initiative de rédiger une pétition qui se lisait comme suit :

> « Le 29 mai dernier, le candidat conservateur dans le comté de Langelier invitait les « libéraux provinciaux » à lui accorder leur appui en invoquant les différences qui existent entre l'option du Parti libéral du Québec et la position du Parti libéral du Canada sur les problèmes constitutionnels.

> Évidemment, M. Pageau n'a pas parlé des divergences de vues entre M. Stanfield et M. Johnson sur la même question.

> Nous avons toujours été d'opinion qu'il était normal sinon inévitable que les partis politiques provinciaux, surtout au Québec, abordent la réforme constitutionnelle dans une optique différente de celle du gouvernement fédéral, quelle que soit la couleur de ce dernier. Par ailleurs, ce qui n'est pas normal, mais ce dont M. Pageau n'a pas parlé, c'est que les deux porte-parole les plus prestigieux d'un même parti, en pleine campagne électorale, émettent des points de vue différents sur des questions de première importance. Chacun sait que cette situation s'est produite à l'intérieur même du Parti conservateur. On n'a qu'à lire les déclarations de M. Stanfield en comparaison de celles de M. Faribault, sans parler de M. Fulton et de M. Camp.

> Répondant à l'invitation de M. Rodrigue Pageau mais ayant surtout en vue le progrès du Québec et le mieux-être des Québécois, nous ne saurions trop recommander aux électeurs du comté de Langelier de renouveler leur confiance au ministre fédéral de la Main-d'œuvre, monsieur Jean Marchand.

Nous reconnaissons en M. Marchand un véritable libéral, c'est-à-dire un homme qui a toujours combattu pour le progrès social et économique. Nous reconnaissons aussi le ministre de la Main-d'œuvre comme un excellent Québécois car il a depuis longtemps fourni la preuve tangible de cet attachement à la société québécoise. Les électeurs du comté de Langelier ont en lui un mandataire de toute première qualité et fournissent en même temps, à l'ensemble de la collectivité québécoise, un porte-parole des plus autorisés au sein du parlement fédéral et du gouvernement du Canada.

Quant à nous, nous avons pleine confiance qu'un gouvernement libéral dirigé par M. Pierre Trudeau, et au sein duquel le ministre Jean Marchand jouera un rôle de premier plan, saura représenter les intérêts de tous les Canadiens y compris ceux du Québec en tant que mandataire de la fédération canadienne dans les négociations constitutionnelles. C'est par ailleurs la responsabilité du gouvernement du Québec de faire valoir le point de vue de l'État provincial dans ses négociations. Si notre parti était actuellement au pouvoir à Québec, nous serions, quant à nous, enchantés de négocier avec des hommes de la qualité de MM. Trudeau et Marchand. »

Cette déclaration fut livrée aux journaux le 19 juin, accompagnée de la signature de 13 députés libéraux à l'Assemblée nationale du Québec, dont évidemment l'auteur du texte. Le même jour, Pierre Laporte, député de Chambly, transmit lui aussi une déclaration aux journaux, en rapport avec l'élection fédérale. On notera que le texte de Laporte était assez différent du mien. Ce fait sembla cependant échapper à Claude Ryan, comme on le verra dans un instant. Voici donc la déclaration de Pierre Laporte :

« Je ne me suis jamais occupé de politique fédérale. Par principe, le mandat que m'ont donné mes électeurs étant provincial. Ce qui n'interdit personne de juger qu'il doit, comme citoyen canadien, prendre part aux élections fédérales.

J'interviens aujourd'hui — avec la faible influence que je puis représenter —, car je suis profondément inquiet de la tournure de certains événements. Je constate, en effet, qu'une fois encore les « fossoyeurs » sont à l'œuvre dans la province de Québec. M. Pierre Trudeau, chef du Parti libéral canadien et premier ministre du Canada, est victime d'une campagne d'insinuations et de calomnies aussi méprisables que celle dont a souffert M. Georges-Émile Lapalme en 1956. Les calomniateurs professionnels ont encore recours à leur arsenal de trucs susceptibles d'impressionner des gens peu avertis : Trudeau socialiste, Trudeau en faveur de l'avortement, Trudeau héraut des homosexuels, et j'en passe. On demande distraitement à une brave électrice : « Votez-vous « homo » cette année ? »

Qui colporte cela ? Une nuée d'organisateurs petits et moyens, qui n'ont certes pas la bénédiction officielle de leurs chefs (on se respecte !) mais qu'on ne dénonce que mollement ou pas du tout.

Ajoutez à cela la « pieuse » feuille des Bérets Blancs et vous vous retrouvez tout de go dans l'atmosphère que nous avons connue au Québec avant 1960.

J'ai avec M. Trudeau des divergences d'opinions sérieuses sur la constitution canadienne. Il le sait. Nous sommes toutefois assez sûrs l'un et l'autre de nos positions pour que nous nous rencontrions pour en discuter franchement, avec l'espoir de trouver un terrain d'entente. Mais là n'est pas la question, car alors il faudrait souligner les contradictions quotidiennes de ses adversaires.

Je trouve la campagne électorale actuelle dégradante. J'attends depuis longtemps que les chefs conservateurs québécois — M. Marcel Faribault en tête — dénoncent carrément et sans équivoque cette résurgence de la calomnie comme arme électorale au Québec. J'attends que tous ceux qui exercent une influence demandent aux chefs de file de tous les partis de réprimander leurs troupes et de leur enseigner que la chasse aux sorcières et la calomnie sont des armes à ne jamais utiliser, mais surtout pas en temps de campagne électorale.

Par respect pour l'intelligence des Québécois, par respect pour un homme qui affiche franchement ses idées, même si je ne les accepte pas toutes, je voterai Trudeau le 25 juin. Car c'est encore par nos votes que nous pourrons le plus efficacement abattre les vautours qui planent sur le Québec. »

Le 20 juin, je transmis aux journaux le communiqué suivant :

« Treize députés libéraux à l'Assemblée législative remettaient hier à la presse une déclaration d'appui à l'honorable ministre de la Main-d'œuvre, monsieur Jean Marchand, candidat libéral dans le comté de Langelier pour les élections du 25 juin.

En prenant connaissance de cette nouvelle, un grand nombre de députés libéraux ont tenu à se solidariser avec le groupe de ceux qui ont accordé un appui spontané à M. Marchand. L'on sait que l'Union nationale ne ménage aucun effort pour supporter le candidat conservateur, M. Rodrigue Pageau. Ce dernier est d'ailleurs un ancien organisateur du parti de M. Johnson.

On trouvera ci-après la liste complète des députés libéraux de la Législature du Québec qui ont signé la déclaration d'appui à M. Marchand. Il faut, par ailleurs, noter que plusieurs députés libéraux ne sont pas à Québec aujourd'hui.

Laurier Baillargeon (Napierville-Laprairie)
Henri Beaupré (Jean-Talon)
Gaston Binette (Deux-Montagnes)
Harry Blank (Saint-Louis)
Glen Brown (Brome)
Gérard Cadieux (Beauharnois)
Jérôme Choquette (Outremont)
Lucien Cliche (Abitibi-Est)
Henri-L. Coiteux (Duplessis)
Alcide Courcy (Abitibi-Ouest)
Roy Fournier (Gatineau)
Kenneth Fraser (Huntingdon)
Victor Goldbloom (Darcy McGee)
Gilles Houde (Fabre)
Richard Hyde (Westmount)
George Kennedy (Châteauguay)
Claire Kirkland-Casgrain (Marguerite-Bourgeois)
Émilien Lafrance (Richmond)
Jean-Noël Lavoie (Laval)
Jean-Paul Lefebvre (Ahuntsic)
Gérard-D. Lévesque (Bonaventure)
Raymond Mailloux (Charlevoix)
Oswald Parent (Hull)

Léo Pearson (Saint-Laurent)
Bernard Pinard (Drummond)
Noël St-Germain (Jacques-Cartier)
Arthur Séguin (Robert-Baldwin)
Maurice Tessier (Rimouski)
Georges Vaillancourt (Stanstead) »

Soit parce qu'ils n'étaient pas présents à l'Assemblée nationale, soit parce que je ne tenais pas à solliciter leur appui, je laissai de côté un certain nombre de mes collègues. Parmi ceux dont je sollicitai l'appui, trois seulement refusèrent de signer la pétition. J'avais fait ce geste au nom de l'amitié, certes, mais aussi dans l'intérêt public. Le directeur du *Devoir* le savait fort bien. Il connaissait l'auteur de la pétition et il en connaissait les mobiles. Quelle ne fut pas ma surprise de lire, dans *Le Devoir* du 21 juin, l'article suivant :

« L'opportunisme gluant de certains libéraux provinciaux

Rien ne sent plus l'opportunisme, voire l'hypocrisie, que la déclaration publiée avant-hier sur la campagne électorale fédérale, par un groupe de députés libéraux provinciaux du Québec.

On aurait compris, à la rigueur, que ces députés décident de protester sans partisanerie contre telle ou telle méthode malhonnête de propagande électorale qui rappelle dans Québec de cuisants souvenirs. On aurait également admis, quoique déjà plus difficilement, qu'ils entreprennent d'appuyer, pour des raisons exceptionnelles, tel candidat particulier.

Mais il suffit de se rendre jusqu'au bout de la déclaration des treize, ainsi que de la déclaration de M. Pierre Laporte, pour constater que les raisons invoquées dans la première partie de chaque texte ne sont qu'un prétexte visant à faire mieux avaler au public la couleuvre qui vient à la fin, soit l'appui non déguisé de ces messieurs au parti de M. Trudeau.

Ces politiciens sont habiles. Ils ont inséré, dans leurs textes, une restriction inoffensive laissant entendre qu'ils ne renient point les positions de leur propre parti provincial en matière constitutionnelle. Mais seuls les badauds se laisseront prendre à pareille roulardise.

Le fait dominant de la présente campagne électorale, c'est que M. Pierre Elliott Trudeau, par ses déclarations imprudentes et dogmatiques sur « les deux nations » et « le statut particulier », a réveillé au Canada anglais un vieil instinct anti-québécois qui grognait sourdement depuis la visite du général de Gaulle au Québec.

Il y a un an ou deux à peine, il n'était pas anathème, du moins aux yeux d'une bonne partie du Canada anglais, de parler de deux nations ou de deux sociétés, ou encore de la nécessité d'arrangements constitutionnels distincts pour le Québec. On n'acceptait pas facilement de tels concepts : on consentait au moins à en discuter de façon raisonnable.

On avait l'impression de participer avec plusieurs porte-parole du Canada anglais, à une recherche commune dont nul ne possédait à l'avance les conclusions. Or, depuis quelques semaines, certaines idées qui se situaient jusque-là dans le domaine de la discussion libre sont devenues comme le glaive à l'aide duquel on sépare, dans ce pays devenu à moitié fou, les bons des méchants, les ortho-doxes des hérétiques, les purs des impurs. Et celui qui a le plus contribué à attiser cette flamme dangereuse, n'est nul autre que l'actuel premier ministre du Canada. Il aura beau protester de sa sincérité et de sa franchise. Il ne pourra éviter que l'opinion impartiale le juge aussi à l'aulne des vieux préjugés que ses paroles auront ravivés au Canada anglais.

Qu'un groupe de députés libéraux provinciaux, déjà engagés publiquement et « solennellement » (dixit naguère M. Lesage) à défendre une tout autre concep-tion de l'avenir du Canada, choisissent précisément ce moment d'hystérie pour se précipiter dans les bras de l'auteur (ou si l'on préfère, de l'artisan complaisant) de cette vaste fraude intellectuelle qu'est la présente campagne électorale des libéraux, voilà qui en dit long sur leur sincérité et leur indépendance d'esprit.

En agissant comme ils viennent de le faire, M. Laporte et ses treize collègues se moquent de l'unité de leur parti. M. Laporte renie cet appel à l'unité de tous les partis québécois en matière constitutionnelle qu'il adressait à M. Johnson il y a quelques mois à peine. M. Laporte et ses amis font apparaître sous un jour ridicule des hommes comme Paul Gérin-Lajoie et Robert Bourassa, qu'ils furent heureux d'utiliser il n'y a pas si longtemps afin de se débarrasser de René Lévesque. Ils révèlent que leur parti, dans la mesure où eux le représentent, reste beaucoup plus profondément lié à ses attaches fédérales (ceci inclut notamment la caisse et les organisations électorales) que les déclarations officielles de son chef et de ses congrès ne veulent le laisser croire. »

Durant mes quatre années de politique active, aucune critique ne me fit plus mal que celle-là. Ryan et moi nous connaissons depuis 25 ans. Il n'a pas plus de raisons de douter de ma sincérité que j'en ai de douter de la sienne. Évidemment, j'avais noté, bien avant 68, le conflit viscéral qui oppose Ryan à des hommes comme Trudeau et Pelletier. Ayant d'ailleurs longtemps tenu le parti d'entretenir des relations amicales avec l'un aussi bien qu'avec les autres, il m'était arrivé de jouer, à mon corps défendant, le rôle de l'interprète ou de l'arbitre. Le 21 juin 68, je découvris que Ryan détestait Trudeau, non seulement au point d'être très injuste à son endroit mais jusqu'au point de ne pouvoir tolérer chez les autres un jugement plus nuancé. Dans le cas qui nous occupe, sa sortie était d'autant plus extravagante qu'il était évident que les pétitionnaires recherchaient, comme objectif primordial, de prêter main-forte à Jean Marchand dans le comté de Langelier.

Au dossier de cette élection fédérale 68, dans le comté de Langelier, versons les paragraphes suivants, tirés de la chronique du journaliste Michel Lord et publiés dans *La Presse* du même vendredi 21 juin :

« Dans la capitale, la trudeaulâtrie, phénomène qui, ailleurs, semble alimenter les conversations depuis au moins deux semaines, a été reléguée au second plan par la lutte de titan que livre le candidat conservateur dans Langelier, M. Rodrigue Pageau, au leader de l'aile québécoise du parti libéral, M. Jean Marchand.

« On se croirait durant une élection provinciale », nous a confié un vétéran de la politique locale.

Cette confrontation n'a pas de provincial que les passions qu'elle déchaîne. D'un côté à tout le moins, les personnages sont les mêmes. Dans cette circonscription qui englobe notamment le comté provincial de Saint-Sauveur, le candidat Rodrigue Pageau est le secrétaire général adjoint de l'Union nationale, son organisateur en chef, M. Jean-Marc Gignac, occupait la même fonction en juin 1966 auprès du député U.N. de Saint-Sauveur, M. François Boudreau, ministre d'État, lui-même l'une des principales pièces de cette partie d'échecs électorale entreprise contre M. Jean Marchand.

Pour le camp libéral il ne fait aucun doute que l'adversaire véritable n'est ni M. Robert Stanfield, ni M. Marcel Faribault, ni même M. Rodrigue Pageau, mais celui qui préside aux destinées de l'État du Québec du haut de la colline du Parlement, au pied de laquelle s'étend le territoire de Langelier. En annonçant sa candidature, il y a un mois, peu après la fameuse déclaration « antiquébécoise » de M. Marchand en Colombie-Britannique, M. Pageau n'avait d'ailleurs pas caché qu'il s'agissait moins de remporter un siège pour le Parti conservateur que de battre un Québécois qui « s'opposait aux aspirations de la nation canadienne-française ».

Pour vaincre le lieutenant de M. Trudeau, les conservateurs chercheront d'abord à alimenter le mécontentement d'une population grevée par le chômage ou les petits salaires des usines en voie de fermeture puis à diriger le flot des récriminations contre le ministre de la Main-d'œuvre qui, selon la propagande P.C., aurait dû s'occuper des quartiers Saint-Roch, Saint-Sauveur et Saint-Malo plutôt que de s'affairer « à placer ses petits amis ».

Rien n'a été négligé pour atteindre l'objectif. Toutes les techniques électorales sont utilisées : la tournée des communautés religieuses, les visites industrielles, le porte à porte du candidat, celui répété des organisateurs, le déploiement des pancartes sur tous les immeubles, un comité central bourdonnant de l'activité d'une cinquantaine de personnes, les comités permanents dans chaque paroisse, 14 au total, les comités spéciaux pour les femmes, les chômeurs, les syndiqués, les habitués des tavernes, les religieux. S'ajoute naturellement à cette liste la publicité à la télévision, à la radio, dans les journaux, à ce point abondante de la part du candidat P.C. dans Langelier que celle des candidats du parti dans Québec-Est et Louis-Hébert, les deux autres circonscriptions de Québec, passe inaperçue sous un tel flot. »

Un événement a marqué la campagne électorale de juin 1968 qui devait provoquer autant de commentaires qu'il y avait de spectateurs pour le défilé de la Saint-Jean en ce mémorable 24 juin. Les uns ont retenu la brutalité des forces policières, d'autres le sans-gêne des chahuteurs, mais beaucoup ont été frappés par le courage physique assez exceptionnel manifesté ce soir-là par le tout nouveau premier ministre du Canada. M. Trudeau, qui était pourtant la cible privilégiée des lanceurs de pierres et de bouteilles, a obstinément refusé de quitter l'estrade d'honneur comme l'ont fait la plupart des autres invités de marque. Comme c'était la veille des élections générales au Canada, ses adversaires n'ont pas été lents à prétendre qu'il s'agissait de sa part d'un calcul politique. Rien n'est plus éloigné de la réalité.

En 1957, lors de la grève de Murdochville, Pierre Trudeau n'était candidat à aucun poste. Il accompagnait simplement les quelque 500 syndicalistes venus manifester leur solidarité avec les grévistes. Deux cent cinquante briseurs de grève, dont la majorité était de jeunes Allemands recrutés spécialement par la Gaspé Copper, se tenaient en rangs serrés, protégés par presque autant de policiers provinciaux. Ces troupes de choc se trouvaient au haut d'une colline, les syndicalistes marchaient dans la rue, à une centaine de pieds plus bas. Les jeunes briseurs de grève, entraînés par on ne sait au juste qui, lançaient aux grévistes et à leurs supporteurs des injures dans le style « god damn French pea soup » et autres aménités. La bagarre générale passa bien près d'éclater, il y eut un échange de cailloux de part et d'autre, avec l'avantage que l'on sait pour ceux qui étaient en haut de la côte. Pierre Trudeau fut l'un des rares à se risquer jusqu'à mi-côte. De là, il tenta de faire un discours aux jeunes fraîchement arrivés d'Allemagne pour leur faire comprendre que le métier qu'on leur faisait faire n'était pas des plus honorables. À 25 pieds de lui, un travailleur d'Arvida reçut en pleine figure un caillou de trois ou quatre pouces de diamètre. Il eut le nez arraché. Que cela plaise ou non à ses adversaires politiques, Pierre Trudeau possède, et depuis fort longtemps, un courage physique assez exceptionnel.

Certes, le premier ministre du Canada n'a pas que des qualités, bien que celles-ci soient nombreuses et évidentes. Forcément, ses défauts sont perceptibles et ils sont abondamment commentés, ce qui prouve que le Canada n'est pas la Grèce. Dieu merci !

On ne s'acharne pas contre les morts, même lorsqu'ils furent des adversaires. Aussi est-ce sans malice que je rappellerai une anecdote qui me semble amusante avant de clore cette parenthèse sur le courage physique. Daniel Johnson, alors premier ministre du Québec, était, lui aussi, dans les estrades lors du défilé de la Saint-Jean-Baptiste. Il fut l'un des premiers à courir se mettre à l'abri des bouteilles et autres instruments possiblement contondants. Lors de l'étude des crédits du Haut Commissariat aux Sports et aux Loisirs, dont le premier ministre était lui-même responsable devant la Chambre, un député de l'opposition argumenta que M. Johnson ne pouvait prendre part au débat sur l'item : « subventions et prix aux athlètes ». « Le premier ministre est ici en conflit d'intérêts évident » d'affirmer le député. Évidemment pris par surprise, M. Johnson ne savait à quoi le député voulait faire allusion. Après une minute d'un silence qui sembla inquiéter le premier ministre, le député déclara : « Certainement que vous êtes en conflit d'intérêts, n'avez-vous pas gagné récemment le championnat de course dans les estrades ! »

LE FORFAIT

Le journal *Le Devoir,* une calamité à ses heures, publiait, le 29 août 1970, la « nouvelle suivante » :

« Il y a un an exactement, celui que l'on a surnommé « le père de la révolution tranquille », M. Jean Lesage, annonçait sa décision d'abandonner la vie politique. Une première fois en 60, il portait le Parti libéral au pouvoir puis répétait l'exploit en 1962 à l'issue d'une campagne électorale menée sur le thème de la nationalisation des compagnies d'électricité et le slogan « Maîtres chez nous ». Entouré d'hommes brillants mais volubiles à l'excès et difficiles à contenir, sa défaite aux mains de l'Union nationale en 1966, devait miner considérablement son autorité et il prêta le flanc à de nombreuses et insistantes critiques. Ses deux anciens collègues, Claude Wagner et Jean-Paul Lefebvre, lui portaient un coup mortel. M. Wagner, candidat défait à la succession, a été nommé juge par l'Union nationale tandis que M. Lefebvre, directeur général de la Fédération libérale du Canada, travaille maintenant pour le ministre Jean Marchand en qui il voyait le successeur logique de Jean Lesage. Travailleur acharné et habile politicien qu'il fut, M. Lesage est décrit aujourd'hui comme l'un des artisans du nouvel équilibre des forces politiques au Canada. »

Je ne sais si le juge Wagner a frémi en voyant son nom associé au mien. Quant à moi, cette simplification, en quelques lignes, et pour la centième fois, d'une aventure qui a duré quatre ans, m'a convaincu de la nécessité de situer les faits dans leur contexte. On me pardonnera, j'espère, le ton badin que j'emploie à l'occasion pour traiter de choses fort sérieuses. Cela me console de l'impossibilité où je me trouve, faute d'un talent suffisant, de finir mes jours comme chansonnier !

Été 1969

À l'été 1969, le Québec avait un nouveau premier ministre, en la personne de Jean-Jacques Bertrand. Le congrès de l'Union nationale, tenu en juin, venait de choisir le successeur de Daniel Johnson à la tête du parti et du gouvernement. Quant à l'opposition libérale, elle n'en finissait plus de se guérir de la défaite surprise du 5 juin 1966.

Dans la matinée du 26 août 1969, je me rendis au journal *Le Devoir* livrer une longue déclaration, accompagnée d'une résolution adoptée la veille par les membres du comité exécutif et la commission politique de l'Association libérale du comté provincial d'Ahuntsic.

Prévoyant que ces textes seraient résumés, interprétés et peut-être même faussés par certains comptes rendus, je demandai à Claude Ryan (à l'époque directeur du journal) s'il voulait bien publier les textes in extenso. Ce qui fut fait le lendemain. N'ayant pas de commissionnaire à mon service, je fis moi-même la tournée des journaux et convoquai du même coup une conférence de presse pour quatre heures de l'après-midi.

Ma déclaration n'a pas plu à tout le monde, je le comprends bien. Je crois cependant que beaucoup de ceux qui l'ont critiquée ne se sont pas donné la peine, ou n'ont pas eu l'occasion de la lire en entier[1]. Quant à moi, je l'avais relue une bonne douzaine de fois avant de la livrer. Je ne regrette rien, si ce n'est une certaine ambiguïté dans le passage où il est question d'un chef « dans le style des années trente ». À aucun moment je n'ai eu l'intention d'insinuer que Jean Lesage était de ce style. Je me référais plutôt à l'enquête du *Telegram* et du *Devoir*. Le premier paragraphe de ma déclaration se lisait comme suit :

---

[1] *Ceux qui le désirent auront maintenant le loisir de le faire puisque ce texte est reproduit en annexe. (p. 206)*

« L'enquête menée par le *Telegram* et *Le Devoir* a démontré que les Québécois cherchent un « chef ». À vrai dire, ce ne fut pas une surprise. Même un martien comprendrait que la société québécoise veuille sortir de la pagaille actuelle. La colère des uns, le désœuvrement des autres sont perçus avec raison, par beaucoup de Québécois, comme une porte ouverte sur le chaos, l'aventure, le fascisme... ou quelque autre calamité des époques « historiques ». On sent, en effet, que la décennie 70-80 ne sera pas sans histoire. Dans la jeunesse, dans les couches populaires, surtout peut-être chez les collets blancs, une véritable révolution est en cours. Malheureusement, il n'y a personne à la tête de l'État pour canaliser cette énergie en proposant aux Québécois des objectifs économiques, sociaux, culturels et politiques valables. »

Dans la suite de ma déclaration j'affirmais :

— que Jean Lesage ne saurait répéter le « tour de force » des années 60-66,
— que le contexte du Québec de 1969 réclamait un type nouveau de leader, capable de constituer une équipe à la fois forte et homogène, ouvert aux divers courants de pensées et apte à les comprendre, décidé à poursuivre les réformes nécessaires plutôt qu'à les freiner.

Le paragraphe suivant concluait cette longue épître qui fut livrée aux journaux en même temps qu'une déclaration d'appui de la part des dirigeants de l'Association libérale du comté provincial d'Ahuntsic :

« Ce n'est point sans effort que l'on expose publiquement son point de vue sur une question aussi délicate que celle du leadership du parti politique où l'on a choisi de militer. Plusieurs mois de réflexion et de nombreuses consultations m'ont convaincu qu'il fallait agir. Puisque le chef du parti a jugé opportun de réclamer un vote de confiance, cela exige des militants, parlementaires et autres, une discussion ouverte. Un vote de cette importance suppose nécessairement un débat qui lui, ne saurait plus être secret, comme c'est le cas pour les délibérations du caucus. Chacun conviendra que la politique active n'est pas une vie facile, ni pour le capitaine du navire, ni pour les matelots dont le sort et le travail dépendent largement du capitaine. On admettra, je crois, qu'un

matelot, même s'il n'a pas l'intention de remplacer le
capitaine, se préoccupe de savoir si son embarcation
navigue en direction du port.

À l'approche de l'automne 1969, plusieurs Québécois de grand talent et possédant une vaste expérience
n'attendent qu'un renouvellement à la direction du Parti
libéral pour joindre les rangs. La personnalité du capitaine déterminera la formation de l'équipage. »

Ces textes étaient durs, ils avaient au moins le mérite
d'être francs.

Dans quel contexte politique se situaient ces deux interventions ? La simple lecture des journaux aurait suffi à un
observateur le moindrement perspicace pour répondre
adéquatement à cette question.

L'un des meilleurs courriéristes parlementaires, pour la
période 1966-1970, fut certainement Normand Girard, du
quotidien *Le Soleil*. Après avoir informé mon lecteur que je
n'ai, jusqu'à ce jour, jamais mis les pieds à Miami, je l'invite
à lire la chronique publiée par Normand Girard les 16 et 17
avril 1969. Les journalistes n'ont pas le monopole de la vérité
mais je puis témoigner que les paragraphes qui suivent constituent une excellente vue d'ensemble de la vie du Parti libéral
du Québec, au printemps 1969 :

« Les libéraux provinciaux sont à répéter les erreurs
commises par les conservateurs fédéraux.

Les libéraux du Québec voudraient-ils imiter les conservateurs fédéraux qu'ils n'agiraient pas autrement qu'ils
le font depuis la défaite de 1966.

Toutes ces rumeurs de congrès de leadership alimentées
par une poignée d'intéressés n'ont d'autre objet que de
forcer la main à M. Lesage, comme on l'a fait pour M.
Diefenbaker.

Des ressemblances

Comme c'était le cas pour M. Diefenbaker, on ne lui
pardonne pas d'avoir perdu le pouvoir. Et, sans plus, on
enchaîne qu'il n'est plus rentable sur le plan électoral.

M. Lesage, pendant ce temps, fort du vote de confiance
qu'on lui renouvela l'an dernier, nie les rumeurs de
départ, affirme qu'il ne décrétera pas de congrès de
leadership, etc.

Un doute

Il reste, néanmoins, que le doute s'infiltre, au sujet de ses capacités à prendre le pouvoir, non seulement chez les militants, mais aussi chez des députés qui lui sont pourtant fidèles.

De sorte que tout le travail de reconstruction entrepris dès le lendemain de la défaite de 1966 est à recommencer chaque fois que de telles rumeurs surgissent.

Cette situation explique en partie pourquoi les libéraux, pourtant forts sur papier, sont aussi faibles devant ce qui reste des hommes qui les ont battus.

Ce qui ajoute à l'ambiguïté de la situation chez eux, c'est que les Pierre Laporte, Claude Wagner et autres se complaisent à jouer le jeu.

S'ils ne veulent pas la tête à Lesage, le minimum de loyauté envers leur chef serait de le dire publiquement et de nier toutes les rumeurs les concernant.

Si c'est sa tête qu'ils souhaitent secrètement dans l'ambition de lui succéder, qu'ils le contestent ouvertement, qu'ils réclament un congrès de leadership.

De la façon dont ils agissent à l'heure actuelle, n'importe qui les battra aux prochaines élections, qu'elles viennent à l'automne ou en 1970.

Car, s'ils allaient, en sous-main, jusqu'à forcer un congrès de leadership par le truchement des associations de comté, comme on tente de le faire actuellement dans la région de Montréal, la stratégie pourrait tout aussi bien tourner contre eux.

Supposons qu'un tel congrès ait lieu en dépit de l'opposition de M. Lesage, qui n'est pas sans savoir d'où émanent ces rumeurs, de là son attitude à vouloir rester au poste, que se passerait-il ?

M. Claude Wagner, candidat battu, se rallierait-il à un Pierre Laporte ? Pierre Laporte, candidat battu, se rallierait-il à un Claude Wagner ?

Candidats battus tous deux, se rallieraient-ils à un Jean Marchand ou à un Robert Bourassa ? Reste à voir. Peu importe l'angle sous lequel on regarde la situation chez les libéraux, celle-ci joue en faveur de l'Union nationale. L'image qu'ils présentent est celle de la division en raison des ambitions de chefferie de MM. Laporte et Wagner, notamment. Dans de telles conditions, celui qui deviendra chef permanent au mois de juin, chez l'U.N., sera tenté de déclencher des élections générales à l'automne et les chances de son parti seront bonnes.

Qu'un congrès de leadership ait lieu chez les libéraux à l'automne, les déchirures seront loin d'être pansées lorsque les élections de 1970 se présenteront.

Les récentes rumeurs surgies, en l'absence de M. Lesage, à son sujet, ont fait naître chez la députation libérale toutes ces remarques que nous avons recueillies lundi et hier.

Au prochain caucus, alors que M. Lesage y sera, de même qu'à l'occasion de la réunion du Conseil supérieur du parti, lundi soir prochain, tout ce linge sale va se laver une fois de plus.

Minute de vérité pour Lesage

Les jours qui viennent seront cruciaux pour le chef du parti libéral du Québec, M. Jean Lesage : ou bien il triomphera de ses « rebelles » ou bien il quittera le parti à brève échéance. Même les collaborateurs les plus sûrs et les plus intimes de l'ancien premier ministre sont unanimes sur ce point. La minute de vérité est arrivée pour le parti ! La députation semble aussi de cet avis, s'il faut en juger par ses réactions face aux développements des dernières semaines maintenant qu'elle connaît les « jeux de coulisses » qui se sont faits pour évincer M. Lesage.

Certains députés n'ont pas hésité à qualifier de « canailles » ceux qui, pendant qu'ils faisaient officiellement la courbette devant l'ancien premier ministre, s'employaient en sous-main à le torpiller, tant auprès des organisateurs importants du parti qu'auprès des associations de comté.

Ce qui apparaît étrange, cependant, c'est que la plupart des députés, pour ne pas dire tous, ne s'imaginaient pas que « certaines ambitions » pouvaient aller jusque-là, surtout après le vote de confiance unanime accordé à M. Lesage l'automne dernier.

Maintenant ils savent. Leur bonne foi a été trompée. Ils savent aussi que les rumeurs du congrès de leadership de leur parti a pris sa source à Miami, pendant les vacances de Pâques, où se trouvaient « certains députés » et des membres influents du parti.

Ils savent aussi qu'on (également à Miami) avait conçu, pour la présente semaine, le projet de déclencher en l'absence de M. Lesage devant l'Assemblée nationale une « bordée » spectaculaire contre le gouvernement pour prouver que « certain parlementaire » était meilleur que lui et plus apte à diriger le parti.

La tournure des événements a fait rater le coup. Des députés loyaux à M. Lesage n'ont pas voulu marcher « en son absence ». Les députés savent tout cela et bien d'autres choses encore. Ils viennent de voir clair dans le jeu de certains de leurs collègues. « Le vrai visage de... la situation » leur apparaît. Tout ce qu'ils espèrent maintenant c'est qu'à son retour de vacances, M. Lesage, s'il est encore le Lesage des beaux jours, confonde sans coup férir ses faux amis, tant devant le Conseil supérieur que devant le caucus.

S'il le fait, ont fait remarquer plusieurs, en indiquant la voie à suivre et les gestes à faire jusqu'aux prochaines élections, il recevra l'appui de tous, à l'exception, peut-être, de MM. Laporte et Wagner. »

Voilà qui jette un peu plus de lumière sur la situation réelle que les éditoriaux simplistes et beaucoup d'autres commentaires écrits ou prononcés au lendemain de la démission de M. Lesage, à la fin d'août 1969. J'ai été témoin, dans les premières loges, des événements relatés ci-dessus par le chroniqueur parlementaire du journal *Le Soleil*. Si j'ai choisi de le citer si longuement plutôt que de fournir au lecteur mon propre récit, c'est évidemment pour établir, hors de tout doute raisonnable, la situation précaire dans laquelle se trouvait notre parti au printemps 1969.

Le Parti libéral n'avait pas encore digéré la défaite de 1966 et les efforts réels des recrues de 66 pour redonner au parti son dynamisme et lui permettre de démasquer l'insignifiance notoire du gouvernement en place étaient minés par les intrigues des seniors. Lévesque et Kierans étant déjà partis, Gérin-Lajoie s'apprêtant à en faire autant, le grand gagnant de cette pagaille était le député de Verdun : Claude

Wagner. On conviendra que cette situation n'était pas acceptable pour un libéral de gauche, entré presque malgré lui dans cette galère, et ayant dû renoncer à en sortir, l'année précédente, pour ne pas risquer de « donner un comté à Johnson », alors au faîte de sa popularité.

Au printemps 69, nous étions menacés de voir le réactionnaire Claude Wagner prendre la direction du Parti libéral, peut-être même la gérance des affaires du Québec.

Michel Roy écrit, dans *Le Devoir* du 10 juillet 1969 :

« Tout indique que M. Jean Lesage, conseillé par son entourage, consentira à mettre son leadership aux voix par scrutin secret lors du congrès annuel du parti libéral, en octobre, à Québec.

Pour sa part, on apprend que M. Pierre Laporte, leader parlementaire du parti, a invité instamment son chef ces jours-ci à prendre lui-même l'initiative de réclamer un vote secret. D'autres députés libéraux estiment que M. Lesage devrait en effet exiger dès maintenant que la confiance annuellement sollicitée par le chef soit votée, ou refusée, le cas échéant, par scrutin secret.

Ainsi M. Lesage, les parlementaires et plusieurs organisateurs de son parti pourraient-ils faire échec à la campagne de M. Claude Wagner qui s'est prononcé et se prononce encore en faveur d'un congrès de leadership. »

Dans le même article, Michel Roy cite Claude Wagner :

« Comment peut-on réunir un congrès régulier pour étudier diverses questions inscrites à l'ordre du jour, préparer le programme, arrêter la stratégie, entendre des discours, etc. quand le problème qui préoccupe tous les militants est celui du leadership ? Pourquoi ne pas en finir tout de suite et convoquer un congrès de leadership pour l'automne ? Les participants au congrès seront-ils représentatifs de tous les comtés ? Bref, l'opération de la confiance au scrutin secret serait-elle vraiment démocratique ? Et d'ici ce congrès d'octobre, quelle peut être l'attitude de ceux qui seraient portés à contester le leadership ? Peuvent-ils faire campagne ? »

Le journaliste conclut son article par un commentaire qui reflète bien la situation que les cadres du parti et les députés connaissaient parfaitement :

« Mais M. Wagner est confiant. Bien qu'il ne fasse pas campagne ouvertement, il démontre tous les jours de nouveaux appuis non seulement dans les régions rurales mais aussi dans les villes. »

Le 10 juillet, on peut lire dans le journal *La Presse* :

« Le colloque de Montmorency et la conférence de presse de M. Jean Lesage du 26 juin sont loin d'avoir réglé la question du leadership du Parti libéral. Coup sur coup hier, les libéraux du comté de Joliette, M. Denis Furois, membre de la commission politique du parti, et M. Claude Wagner, ont demandé, avec plus ou moins de nuances, la tenue d'un congrès au leadership. »

Puis le 12 juillet, Claude Beauchamp écrit, dans *La Presse* aussi :

« Obligé d'admettre que les assauts contre son leadership risquent de semer « la pagaille chez les militants libéraux », M. Jean Lesage a décidé de se soumettre à un vote de confiance, au scrutin secret, lors du congrès libéral qui aura lieu les 31 octobre, 1er et 2 novembre prochains, à Québec.

Le chef du Parti libéral du Québec voit dans cette concession (le vote de confiance s'était fait jusqu'ici à main levée) consentie à ceux qui réclament depuis plusieurs mois la remise en cause de son leadership, le moyen de demeurer à la tête des troupes libérales le temps de savoir si la volonté populaire le fera ou non de nouveau premier ministre du Québec.

Mais en contrepartie, il ouvre la porte à une contestation plus généralisée de son leadership. C'est le risque qu'il a jugé préférable de prendre en réplique à la recrudescence des demandes pour un congrès de leadership.

Décrivant lui-même le congrès de 1969 de la Fédération libérale du Québec comme « une étape qui reste à franchir » en ce qui concerne la question de sa fonction de chef du parti, M. Lesage sait que l'arrivée des prochaines neiges lui permettra de glisser facilement jusqu'aux prochaines élections générales comme chef incontesté. Car, l'annonce à tout moment possible par M. Jean-Jacques Bertrand du déclenchement d'élections générales sera suspendue comme une épée de Damoclès au-dessus de la tête des militants libéraux, même ceux qui

> ne veulent plus de M. Lesage mais qui veulent par contre éviter de diviser le parti au moment où il lutterait pour reprendre le pouvoir. »

Le journaliste écrit aussi, je me permets de le souligner :

> « Celui qui, pour le moment, personnifie au sein du parti l'opposition au leadership de M. Lesage, M. Claude Wagner, a aussitôt qualifié la concession faite par M. Lesage, de « demi-mesure qui ne résout pas le problème ».

> Le vrai problème, de préciser au téléphone M. Wagner, c'est de fournir aux militants libéraux l'opportunité de faire un véritable choix de leur chef. Une motion de confiance, même prise au scrutin secret, à l'endroit d'un homme qui est en place depuis dix ans ne veut rien dire car le militant n'a pas devant lui les véritables choix auxquels seul un congrès au leadership le fait participer.

> M. Lesage, en offrant aux militants le vote secret désire leur « fournir l'occasion de se prononcer pour ou contre un congrès de leadership. »

Le 16 juillet, *Le Devoir* cite Claude Wagner qui a déclaré sur les ondes de CKAC :

> « Si M. Lesage persiste dans son intention de ne pas convoquer de congrès de leadership et si le mouvement que j'ai observé depuis six mois chez les militants du parti se poursuit, je crains bien que M. Lesage ne se dirige tout droit vers une humiliation. Il n'aura pas le vote de confiance qu'il demande. »

Les propres organisateurs de M. Lesage ne parlaient pas autrement. Jusqu'au 30 avril 1969 j'avais, quant à moi, multiplié les suggestions à M. Lesage pour l'aider à replacer le parti sur la voie de l'action. Pour des raisons que je n'ai jamais tout à fait comprises, ces suggestions restèrent lettre morte.

Je tiens cependant à démentir ici la rumeur qui se répandit, à l'été 1969, à l'effet qu'une vieille inimitié existait entre M. Lesage et moi, qui aurait été à l'origine de ma prise de position du 26 août 1969. Avant d'entrer en politique active, je ne connaissais pas personnellement M. Lesage. Les circonstances de nos premiers échanges de vues, en 1966, et la différence notable de nos « fréquentations » et de nos expériences respectives n'étaient certes pas de nature à susciter entre nous une réelle amitié. Il n'y eut pas, non plus, d'inimitié.

J'aurai l'occasion de commenter certains des projets que je soumis à l'attention du chef du parti. D'autre part, je dois noter qu'à plusieurs reprises, M. Lesage rendit visite aux citoyens de mon comté et chaque fois, il s'arrêta à la maison. En 1968, il accepta de se rendre à Montréal spécialement pour le lancement d'un de mes livres. S'il me fallait résumer en une phrase ma relation avec le chef de parti qu'il était alors, je dirais que nous nous acceptions mutuellement dans nos rôles respectifs. Nos vues sur la société et sur la politique étaient loin d'être identiques, elles étaient cependant, jusqu'à l'été 1969, réconciliables dans le cadre du dénominateur commun que constitue, par définition, un parti politique.

Je reviens maintenant à la date, déjà mentionnée, du 30 avril 1969. Il y a eu caucus, ce jour-là. Le chef posa lui-même la question de son leadership. Nombreux furent ceux qui ne tinrent pas, face à M. Lesage, le langage qu'ils tenaient dans les corridors du parlement ou sur les pelouses du terrain de golf. Quelques-uns, dont moi-même, suggérèrent à M. Lesage de partir. Mon intervention au caucus mentionnait déjà plusieurs éléments qui apparurent subséquemment dans ma déclaration du 26 août. J'assurai toutefois M. Lesage que, si le caucus était unanime à l'appuyer publiquement, les dissidents se ralliant à un consensus majoritaire, j'en ferais autant. Les événements qui suivirent (principalement la défection de Claude Wagner) me délièrent de mon engagement. Cependant, pour être en paix avec ma propre conscience, je pris soin, vers le milieu de juillet, de prévenir un député, que je savais très près du chef, du fait que ce dernier ne devait plus compter sur mon appui. Je demeure moralement convaincu que ce message lui fut fait, et par nul autre que Robert Bourassa.

Entre le 30 avril et la mi-juillet, je songeais beaucoup plus à quitter le navire qu'à remplacer le capitaine. Au moment de partir, début juin, pour la Conférence internationale du Travail, à Genève, je prévins un de mes amis que je serais disponible au retour pour un emploi dont il m'avait parlé. Mais en rentrant de Genève, certaines personnes dans mon entourage firent pression sur moi afin que je poursuive mon action politique. Paul Gérin-Lajoie venait de quitter la politique pour le fonctionnarisme fédéral et Claude Wagner semblait bien avoir le champ libre. Personne, à ce moment-là, surtout pas lui-même j'imagine, eût cru que Robert

Bourassa pourrait avoir la moindre chance d'être élu chef, encore moins premier ministre[1].

Vers la mi-juillet, j'étais en vacances à Oka. Entre une baignade et une randonnée en chaloupe, je songeais aux moyens de bloquer la route à Wagner. Le premier moyen qui s'offrit à moi fut dans la tradition de la contestation au Québec : j'écrirais une lettre au *Devoir* !

Voici les paragraphes essentiels de cette missive, publiée dans *Le Devoir* du 26 juillet 1969[2] :

« Les libéraux du Québec devront bientôt se prononcer sur le leadership de Jean Lesage. Leur réflexion actuelle, en vue du vote du 31 octobre prochain, ne saurait faire abstraction des ambitions et de la « disponibilité » clairement exprimée du député de Verdun, Claude Wagner.

Nous savons tous que la décision qui sera prise par les libéraux ne sera pas strictement une affaire de famille. En effet, l'opinion publique influera sur les délégués et ceux-ci chercheront, tout naturellement, à faire un choix qui plaira... mais pas à tous, car la chose est impossible. De quelle majorité les libéraux veulent-ils obtenir le pouvoir ? Voilà, à mon avis, la principale question à se poser.

Dans l'équipe que j'aimerais voir réunie sous l'étiquette libérale pour solliciter la confiance des électeurs dans nos 108 comtés, je souhaiterais pour ma part que les réformistes forment le plus gros contingent. C'est ainsi que le Parti libéral du Québec serait fidèle à lui-même et répondrait le mieux aux aspirations de la majorité de la population. Pour les pragmatiques, j'ajouterai que c'est à mon avis de cette façon seulement que l'on pourra obtenir un gouvernement qui soit sainement majoritaire, à l'issue des prochaines élections générales.

---

[1] *C'est ce que je pensais en 1972. J'ai sans doute été téméraire de présumer des sentiments de mon collègue de Mercier. Il faudrait lui poser la question. Je me souviens tout à coup d'une conversation téléphonique le lendemain même de l'élection de 1970. Comme je le félicitais de sa victoire, le nouveau premier ministre eut cette réflexion sibylline : « C'est la luck, Jean-Paul, la luck. » Mon lecteur est-il plus éclairé ?*

[2] *Le texte intégral est reproduit en appendice, à la page 201.*

En juin 1966, le Parti libéral du Québec a présenté à la population la meilleure équipe qui se fut jamais offerte devant l'électorat québécois. Pour des raisons qu'il n'est plus temps d'analyser maintenant, le support populaire, bien qu'il fût de 47 p. 100 des voix, n'a pas été suffisant pour porter cette équipe au pouvoir. Par la suite, les divergences de vues et d'autres motifs devaient entraîner des départs importants. Il faut maintenant relever le défi de faire mieux en 1970 que nous avons fait en 1966. Pour pallier le désespoir de beaucoup de Québécois, à l'évasion de plusieurs autres, pour redonner à la majorité de nos concitoyens la confiance en eux-mêmes, en notre collectivité, et fournir à l'économie du Québec l'impulsion dont elle a grand besoin il nous faut un gouvernement d'hommes imaginatifs, audacieux, bien préparés et capables de nous tenir à égale distance de la stagnation et de l'aventure. C'est la meilleure, peut-être la seule route vers le progrès.

Jean Lesage est-il l'homme de la situation, en 1970 ? Chose certaine, les services signalés qu'il a déjà rendus à la population du Québec lui donnent droit à un jugement objectif et circonstancié. Quant à Claude Wagner, il me semble clair qu'en dépit de sa popularité personnelle, il ne saurait être le leader libéral, c'est-à-dire dynamique, ouvert et l'homme d'équipe dont nous avons un si grand besoin. »

Si moi je disais « non » à Wagner, une importante fraction des Québécois n'était pas de mon avis. Comme dernière pièce au dossier je citerai quelques paragraphes signés par Claude Ryan dans *Le Devoir* du 8 septembre. Ryan commente ici les résultats d'un sondage effectué, pour le compte du *Montreal Star,* avant la démission de Lesage. Ce sondage confirmait ce que nous savions déjà. Contrairement à ce qu'écrit l'éditorialiste, ce ne fut pas une « révélation » pour les cadres du parti.

« Sur 529 personnes invitées à désigner, parmi six « candidats », celui qu'elles considèrent le plus qualifié pour exercer la fonction de premier ministre du Québec, 101 ont désigné M. Wagner ; 88 ont choisi M. Bertrand ; 86 ont opté pour M. Lévesque (René) ; 70 ont nommé M. Marchand ; 35 ont accordé leur préférence à M. Cardinal. Ces chiffres confirment que la situation du

leadership a tendu à se stabiliser au sein de l'Union nationale depuis le congrès de juin, mais qu'elle avait, au
contraire, avant la démission de M. Lesage, atteint un
point critique pour le Parti libéral. Sur 215 personnes
qui ont opté pour un candidat d'allégeance libérale,
seulement 70, soit un sur trois, ont choisi M. Lesage. Ce
chiffre montre que, malgré ses indéniables qualités, la
personnalité de M. Lesage passait de plus en plus difficilement la rampe.

La grande révélation du sondage, c'est la mise en lumière
de la forte popularité de M. Claude Wagner auprès de
l'électeur moyen. Dans certains milieux, on a tout fait,
depuis quelque temps, pour étouffer ou minimiser ce
fait, mais l'évidence est là. Quels que soient ses défauts
ou ses carences, le député de Verdun a acquis, ces derniers
mois, une popularité sans précédent. »

Après cette parenthèse, nous revenons au 26 août, date
de ma conférence de presse sur la question du leadership.
Alors que j'étais en compagnie de quelques journalistes, au
restaurant *Butch Bouchard*, je reçus un appel... de Jean Lesage.
Une station de radio qui n'avait pas respecté l'embargo venait
de diffuser ma déclaration. La conversation fut courte. Je
mentionnai à M. Lesage qu'il ne devait pas être surpris puisque
je lui avais fait savoir par un ami commun (Robert Bourassa)
qu'il ne devait plus compter sur mon appui. Cela dit, je
comprends parfaitement que M. Lesage n'ait pas apprécié
ma déclaration. Je serais cependant étonné d'apprendre qu'il
l'ait attribuée à une inimitié personnelle.

Jean Lesage

Au moment où Jean Lesage fut élu chef du Parti libéral
du Québec (en 1958), il ne manquait pas de libéraux pour
douter de son aptitude à réaliser un programme qui soit vraiment d'esprit libéral. Si ce n'était de mon aversion pour les
commérages, je pourrais citer plusieurs noms et non des
moindres, parmi les libéraux de l'époque. Pourtant, une fois
investi du pouvoir, M. Lesage n'en a pas moins présidé l'un
des meilleurs gouvernements que le Québec ait connus. Il est
facile de dire que le premier ministre d'alors n'a été que l'arbitre entre l'aile gauche et l'aide droite de son parti. Chaque
citoyen est libre d'évaluer à sa guise, soit l'ensemble de l'activité du gouvernement de M. Lesage, soit l'une ou l'autre de

ses initiatives. Il se trouve cependant bien peu de commentateurs, sauf parmi les adversaires politiques que la partisanerie aveugle, pour nier les progrès considérables que l'administration publique a connus sous le régime de la révolution tranquille. Une fois en selle, Jean Lesage s'est hissé à la hauteur de sa tâche. Les historiens politiques lui rendront certainement ce témoignage. J'ai par ailleurs la conviction qu'ils poseront un jugement inverse sur le leadership de Jean Lesage dans l'opposition. Lui qui n'avait jamais connu la défaite n'a pas su, après le 5 juin 1966, retrouver son équilibre. La politique étant essentiellement la gérance de tensions sociales, on eut souvent l'impression, de 66 à 70, que Jean Lesage, chef de l'opposition, recherchait son point d'appui à droite des appuis d'un Daniel Johnson. Il faut toutefois apporter une nuance à ce diagnostic, d'ailleurs bien rapide.

Après qu'il eut démissionné de son poste, le député de Louis-Hébert s'avéra doublement efficace dans son travail en tant que leader parlementaire des troupes oppositionnistes. Tous les observateurs ont noté ce fait. J'ai personnellement d'excellentes raisons de l'avoir remarqué puisque cette performance rendit plus discutable le geste que j'ai fait à l'été 69, geste qui se justifiait par la dégradation lente d'un leadership qui ne s'était pas remis, jusque-là, de la défaite de juin 66.

Les hommes politiques n'ont guère besoin que leurs alliés traitent de leurs défauts. En courte période, les adversaires s'en chargent. À plus longue échéance, c'est la tâche des historiens. J'ai déjà dit qu'une fois soulagé du fardeau de sa responsabilité de leader du parti, Jean Lesage avait repris du poil de la bête dans son travail parlementaire. Il me faut préciser cette affirmation par un exemple concret. De toute ma vie, je n'ai rencontré personne qui pût lire un texte de loi (ou tout autre texte) aussi rapidement que Jean Lesage, y détectant aussi bien les fautes d'orthographe que les défauts de concordance, les erreurs de logique ou de grammaire. Ce que ses proches collaborateurs savaient depuis longtemps, les courriéristes parlementaires et les membres du gouvernement Bertrand le constatèrent à l'évidence lorsque Jean Lesage prit la direction effective des débats parlementaires pour les derniers mois du régime Bertrand.

Robert Bourassa

Quant au successeur de M. Lesage, il ne manque certes pas de ressources. Robert Bourassa est, lui aussi, un pragmatique. Ses amis disent qu'il est souple, ses adversaires le jugent faible. Chose certaine, personne ne peut contester que c'est un rude travailleur. Comme simple député de l'opposition (mais portant déjà le poids d'une certaine ambition...) il travaillait quinze ou seize heures par jour. Un jour sur deux il dînait d'une tablette de chocolat. La comparaison pourra paraître inconvenante mais comme il s'agit d'un cas rarissime (du moins dans la gent politique) je ne saurais m'en priver : Bourassa vit comme un chameau, une fois la semaine environ il s'envoie derrière la cravate un repas si plantureux que deux bûcherons auraient peine à vider ses assiettes... puis il revient à son verre de lait et à son éternel chocolat. En quatre ans je ne l'ai vu rigoler que quelques fois. Je me souviens de deux occasions où, en compagnie de quelques collègues, nous avions fait un voyage de pêche. Le sport principal de Bourassa fut d'écouter les nouvelles à la radio... à défaut de journaux à lire ! Au total, je connais peu d'hommes politiques qui aiment leur métier autant que le premier ministre actuel du Québec[1].

---

[1] *Aussi vrai en 1986 qu'en 1972. Chose rare !*

LE DERNIER ACTE

La politique, est-ce du théâtre ? La question a été posée au début de cette chronique. Mes lecteurs avaient sûrement leur petite idée sur cette interrogation. Le récit qu'ils viennent de lire aura-t-il modifié leur opinion ? Quant à moi, je suggère que ce n'est pas diminuer la politique que de la comparer au théâtre. Le théâtre, lorsqu'il est de qualité, c'est une image, en gros plan, de la vie.

La scène politique est le seul théâtre vraiment accessible à tous. De nos jours, beaucoup plus qu'au temps de Duplessis, de Taschereau ou de Camillien Houde, les principaux metteurs en scène sont les journalistes. Au fil de cette chronique, nous avons eu l'occasion de passer en revue plusieurs reportages d'une grande qualité. De tels reportages, en plus de devenir éventuellement une aide précieuse pour les historiens, amateurs et professionnels, influencent la réalité en même temps qu'ils la reflètent. C'est du moins mon hypothèse.

La plupart des détenteurs du pouvoir blâment les journalistes pour leurs déboires. Ils n'ont pas toujours raison de le faire. Parfois pourtant... Mais je ne vais pas entreprendre ici un procès. Il m'a toujours semblé cependant que les représentants de la presse, écrite ou électronique, jouissaient d'un avantage un peu exagéré sur les gens qu'ils passent en jugement. Ce sentiment, je dois l'admettre, a été particulièrement fort chez moi à l'occasion des incidents que je m'apprête à relater.

Rappelons d'abord que dès le mois de mars 1969, on pouvait lire dans le *Financial Post*, sous la signature de John Bird :

« Although former premier Jean Lesage was confirmed as Provincial leader at a convention last October, his hold on the party is infirm.

An independent, quietly conducted survey of opinion in Quebec recently showed Lesage running behind René Lévesque and Premier Bertrand, in leadership charisma.

Inevitably, as they contemplate the impotence and division of the provincial Liberals, the minds of federal Liberals turn to Jean Marchand, Minister of rural development, Trudeau's right bower and strong man in the federal cabinet.

That Marchand, a former trade union leader, might go for the provincial Liberal leadership was first mooted in Quebec and only later taken seriously in Ottawa. If Marchand were to take hold, at least one provincial party would be thoroughly federalist, in Trudeau's one Canada sense. »

Jean Marchand

Certains de mes concitoyens, surtout, cela se comprend, parmi les plus jeunes, se font de Jean Marchand une image tirée de la galerie de portraits qu'il a laissés de ses passages à Ottawa. Du fougueux et omniprésent ministre de la Main-d'œuvre jusqu'au président de la Commission canadienne des transports, en passant par la présidence du Sénat et le ministère de l'Expansion économique, celui que Maurice Duplessis appelait Ti-Jean mais qu'il ne nommait jamais sans afficher une grimace ambiguë, a vécu plusieurs carrières. S'il y a deux cardinal Paul-Émile Léger, il y a certainement trois Jean Marchand. Dans le cas du primat de l'Église, certains observateurs qui ne prisaient guère le premier ont grandement apprécié le deuxième. Même ceux qui n'ont aimé ni sa première, ni sa deuxième incarnation, devraient être reconnaissants à Paul-Émile Léger d'avoir illustré, pour l'observation du commun des mortels, une vérité que certains, ignorant Picasso ou d'autres artistes aussi fameux, n'eussent pas remarqué : nous vivons tous plusieurs « périodes ».

Pour le syndicaliste passé des tribunes populaires à la Chambre des Communes puis au « dortoir » (le Sénat), il ne serait pas surprenant que les biographes confirment la perception de ses amis : il y a trois Jean Marchand. Pas plus que le cas du cardinal cela n'implique l'idée d'un reniement ou d'une infidélité aux valeurs premières. Je suggère plutôt que le milieu ambiant, les circonstances à la fois extérieures et personnelles mettent successivement en lumière plusieurs aspects d'une même personnalité, surtout quand elle est riche. Si plusieurs d'entre nous demeurent platement semblables à ce que nous étions la veille, c'est que nous avons négligé de renouveler notre décor d'ambiance ou que nous avons oublié, au fond de nous-mêmes, nos autres incarnations dormantes.

J'ai connu les trois Jean Marchand. Celui dont il est pertinent de parler ici, c'est le premier en lice : le dirigeant syndical, secrétaire général, puis président de la Confédération des syndicats nationaux (nommée avant 1960 la C.T.C.C.).

Lorsque je suis entré à la C.T.C.C. en 1954, Jean Marchand en était déjà le secrétaire général depuis une dizaine d'années. Avec Gérard Picard, le président, il formait une équipe de direction assez spéciale. Ni l'un ni l'autre ne manquait de talents. Ils s'étaient partagé les rôles de telle sorte qu'ils ne se marchaient pas sur les pieds. Picard ayant des dispositions très limitées pour l'administration des ressources humaines ou matérielles, c'est Marchand qui faisait marcher la boutique. Dans les grandes négociations, c'est lui aussi qui temporisait les ardeurs imprudentes et corrigeait les stratégies trop aventureuses. Marchand était très respecté de l'immense majorité des permanents syndicaux. Certes, il était, c'est inévitable, honni de quelques-uns. À l'endroit de ce dernier groupe, il s'est toujours montré très compréhensif et tolérant. Envers l'ensemble des permanents, il a agi comme un leader stimulant, donnant l'exemple d'un travail intelligent, responsable et d'une attitude ouverte. Point de sectarisme chez lui, malgré une fidélité constante aux objectifs profonds du mouvement syndical.

Marchand est l'un des rares dirigeants syndicaux que j'ai connus qui ait eu des amis dans tous les milieux, particulièrement chez les universitaires et chez les artistes. Je ne parle pas de quelques amis isolés. Il y avait des racines. Jean Marchand, l'orateur enflammé, l'idole des rassemblements de travailleurs, était aussi un interlocuteur respecté dans tous les milieux. Lorsqu'il fallait affronter, il le faisait avec brio. Il ne prenait pourtant pas plaisir à multiplier ses adversaires. Très attaché à son travail et voyageant sans arrêt pour respecter un agenda très chargé, il trouvait le temps de supporter tout ce qui bougeait au Québec. Il s'intéressait aux arts, à la musique, mais aussi, à l'action politique. À ce moment-là, il s'agissait de politique au sens général — la chose publique — et non d'un engagement dans les cadres d'un parti. C'est ainsi que Marchand a été le principal initiateur de la fondation, en 1957, du Rassemblement, mouvement d'éducation démocratique. Il a appuyé la création de la revue Cité Libre *et abondamment coopéré aux stratégies d'action progressiste d'un jeune ministre du gouvernement du Québec : René Lévesque. J'en passe... bien plus que je n'en retiens.*

Sous le leadership intellectuel et politique de Jean Marchand, la C.S.N., par ses militants et par son équipe de permanents, était au début des années 60, une présence importante dans l'ensemble de la société québécoise. Tous ne l'aimaient pas mais personne ne l'ignorait et peu de gens la méprisaient. Ce n'était pas encore l'heure des polarisations hermétiques et des batailles rangées.

Coup de théâtre à Québec

Le jeudi 28 août 1969, le journal *La Presse* titrait à la une, sur quatre colonnes : « Les libéraux feraient bloc contre Lefebvre ». Les premiers paragraphes de la nouvelle se lisaient comme suit :

« Plusieurs députés libéraux devaient demander aujour-d'hui, au cours de la réunion du caucus de leur parti, la démission de M. Jean-Paul Lefebvre, à cause de ses déclarations à l'endroit de M. Lesage.

De la quinzaine de députés rejoints hier par *La Presse,* aucun n'a pris la défense de M. Lefebvre. Même M. Claude Wagner s'est étonné des propos tenus par le député d'Ahuntsic, non pas lorsqu'il réclame un congrès au leadership, mais quand il soutient que M. Lesage n'a pas les qualités voulues pour diriger le parti en 1969. »

Wagner scandalisé qu'on doute de Lesage. C'est pas assez touchant ? Pensez à Molière... oui, oui, vous pouvez trouver le titre de la pièce.

J'ai pris connaissance de l'article de *La Presse* vers deux heures de l'après-midi. Le caucus était convoqué pour trois heures. À deux heures et demie, le journaliste Dominique Clift entre dans mon bureau. Il me demande ce qui va se passer. En toute bonne foi, je ne savais que répondre. La vie politique est généreuse en surprises de toutes sortes. Je lui conseillai d'attendre la fin du caucus... ajoutant que deux hypothèses me paraissaient vraisemblables : mon expulsion ou la démission de Lesage.

Cette dernière hypothèse était la bonne. Une demi-heure plus tard, M. Lesage, en des termes et d'une manière qui sont à son honneur, et pour lesquels j'eus l'occasion de lui donner crédit à maintes reprises, annonçait sa démission comme chef du Parti libéral du Québec. Ce fut, évidemment, un coup de théâtre.

Comme chef démissionnaire, M. Lesage fut admirable. Ce ne fut pas, à mon avis, le cas de tous les metteurs en scène. Sans doute, les responsables de ces performances discutables aimeraient mieux qu'on les jugeât sur d'autres écrits. Ils ont l'excuse de devoir se prononcer sur tout et sur rien... Quoi qu'il en soit, il faut consigner, pour l'histoire, quelques spécimens de jugements vraiment sommaires.

Dans *La Presse* du 29 août 1969, Guy Cormier écrit :

« Il est trop tôt pour tenter d'inventorier toutes les retombées de l'explosion due à l'initiative du député libéral d'Ahuntsic, M. Jean-Paul Lefebvre. Osons croire qu'elles ne contamineront pas irrémédiablement le Parti libéral du Québec. Mais, à l'heure actuelle, on ne peut jurer de rien. Souvent l'inattendu arrive. Hier, M. Lesage annonçait sa démission. On ne la prévoyait pas aussi soudaine. Un congrès du parti paraît devoir suivre. Que donnera-t-il ? C'est moins à certaines hypothèses ou approximations hasardeuses que nous voulons nous arrêter qu'à la manière assez surprenante dont le nom de M. Jean Marchand a rebondi dans toute cette affaire. L'audace, bien plus réelle qu'apparente, du geste de Lefebvre vient de ce qu'il a voulu « étrangler » son chef avec ses propres armes. Il les a retournées contre lui. »

Est-il exagéré de parler ici de théâtre et de mise en scène ? Où était l'éditorialiste dans les mois qui ont précédé ? Aurait-il été privé de la lecture des journaux ? Comment peut-on en arriver à simplifier ainsi la réalité ? Et le meilleur est à venir. L'éditorialiste poursuit en effet :

« On croyait que le syndicalisme (Lefebvre et Marchand ont milité ensemble dans la C.S.N.) conseillait de recruter les chefs dans les rangs du personnel (promotion *from within*) plutôt que d'aller les cueillir à l'extérieur... En politique, Lefebvre n'est décidément pas un fervent de la loi d'ancienneté ! »

La règle d'ancienneté pour choisir un chef de parti et un premier ministre... qui aurait pu penser à cela ? Certes pas un politicien !

Est-ce une revanche futile de constituer maintenant un petit sottisier ? Sans doute. Mais, sait-on jamais, cela peut inspirer plus de prudence aux scribes d'aujourd'hui... et de demain ! Voici donc, de ma collection privée, la perle signée par l'ancien rédacteur en chef de *La Presse*, Roger Champoux. Il écrivait, dès le 28 août :

> « Nous ne reprochons pas au député d'Ahuntsic de s'être prononcé en faveur d'un congrès de leadership : nous l'avons fait nous-mêmes, mais en souhaitant que M. Lesage s'y présente la tête haute et en misant sur sa victoire. M. Lefebvre présume au contraire que le chef démissionnera plutôt que de convoquer ce congrès et cette idée lui sourit. C'est là qu'il découvre un peu trop impudemment ses batteries...
>
> Le raisonnement du député Yves Michaud nous plaît bien davantage. Il dit oui au congrès pour crever l'abcès, pour vider la question une fois pour toutes ; mais cela ne veut pas dire qu'il ne veut plus de M. Lesage comme chef. Comme lui nous croyons qu'un mandat clair des militants serait excellent pour le parti. Comme lui aussi nous favorisons la participation des libéraux aux élections complémentaires du 8 octobre, alors que M. Lefebvre s'y oppose. »

M. Champoux chante la même chanson que M. Wagner. Serait-ce que ce dernier est mieux informé ? Serait-ce que M. Champoux appuie Wagner ? Bien peu de gens dans le parti croient que M. Lesage remporterait un vote au scrutin secret dans un éventuel congrès. Même ses amis les plus proches n'y croient pas. Comme il devint évident le lendemain, l'intéressé lui-même n'y croyait pas.

Donnons au moins crédit à M. Champoux de ne pas avoir parlé d'étranglement ! Mais Claude Ryan fut plus clairvoyant en écrivant, dans *Le Devoir* du 28 août :

> « M. Lesage, en se sacrifiant tout de suite, épargnerait à son parti deux, trois, cinq années de désert. Son départ se ferait dans la dignité et la gloire. Il se ménagerait, pour le choix de son successeur, un rôle important d'arbitre et, pour son propre avenir, la possibilité d'une nouvelle carrière à la fois utile et moins ingrate. »

La prochaine pièce au dossier nous ramène à Shakespeare ou, mieux encore, à Euripide. Voici ce qu'a pondu Lucien Langlois pour son éditorial du 28 août 1969 dans le journal *Montréal-Matin*. Le titre est déjà révélateur : « Lame aiguisée » :

« Comme coup de poignard, c'en est tout un ! L'acte, semble-t-il, avait été préparé en secret. L'assassin œuvrait dans le noir ; il n'avait mis personne dans sa confidence. À l'exception peut-être, de quelques armes d'Ottawa. Vlan ! la lame s'enfonce dans la chair vive d'un chef qui nourrissait encore quelques illusions au sujet d'une certaine loyauté en politique, une certaine solidarité au sein d'un même parti, du respect que des militants (même pressés) doivent porter envers celui à qui ils doivent au moins le début de leur carrière.

Le poignard a tué cela. Jean-Paul Lefebvre a donné le coup de grâce à Jean Lesage.

La nouvelle est importante. Nous ne voyons pas comment le chef libéral pourra recouvrer son prestige compromis. D'autant plus que Jean-Paul Lefebvre a mentionné le nom de Jean Marchand, comme leader désirable, souhaité et désiré dans le Québec. »

Il fallait que la démission appréhendée de Jean Lesage déçût beaucoup les milieux de l'Union nationale pour que son canard attitré vomisse une telle bile. Cette démesure, si elle se situait au rang d'une dispute à la Chambre, n'aurait pas trop de conséquence. Les gens sont habitués à prendre « avec un grain de sel » les injures que s'échangent les politiciens. C'est tout de même mieux que des rafales de mitraillettes ! Le problème, pour les extravagances que se permettent les journalistes, est qu'elles ne sont pas suspectes au départ, sauf chez les habitués de la politique. Ceux-ci, en effet, ne tardent pas à démêler les partis-pris des gens de plume. Pour revenir au spécimen sous examen, il devait déclencher, dans toutes les institutions d'enseignement que fréquentaient à l'époque mes cinq enfants, des questions dans le genre : « Qu'est-ce qu'il a fait ton père ? » ou encore « C'est-y vrai que ton père a assassiné quelqu'un ? »

C'est un peu ennuyeux.

Aux jeunes Québécois qui songent aujourd'hui à la politique active, je dis bravo. C'est un métier passionnant à bien des égards. C'est le plus beau des métiers si l'on s'efforce vraiment de faire évoluer la société dans le sens de ce que l'on perçoit comme le progrès. Mes brèves années de service comme député ne me permettent pas d'allonger beaucoup les conseils... S'il faut n'en donner qu'un, je dirai que l'on doit s'habituer à toujours rétablir les faits. Le plus grand danger pour un élu, c'est que les faits sur lesquels il fonde son action soient ignorés ou déformés, détruisant du même coup la base de son travail. Ainsi, dans la petite histoire du Parti libéral du Québec, les tribulations qui ont précédé la démission de Jean Lesage étaient très bien connues. Les commentateurs qui n'en ont pas tenu compte au lendemain du 28 août 1969 avaient leurs raisons...

Si c'était à refaire ? Je recommencerais, c'est bien certain. Mais, soit dit entre nous, je suis bougrement content que les mêmes circonstances, en ce qui me concerne, ne soient plus appréhendées !

DEUXIÈME PARTIE :

DANS l'OMBRE DES COLOMBES

LA POLITIQUE FÉDÉRALE...
AU QUÉBEC

(Notes rédigées en 1975)

De juin 1970 à décembre 1971, j'ai vécu une expérience qui s'apparente à l'alpinisme. Certains diront que j'ai finalement manqué le pied. Je préfère croire que j'ai simplement quitté la cordée avant la dernière crête.

Dans le climat politique d'un Québec largement obsédé par sa religion nouvelle : l'indépendantisme, il s'agissait de réhabiliter l'image d'un parti qui portait la double tare d'être vieux et d'être fédéral. J'insiste sur le fait qu'il s'agissait de l'image du vieux Parti libéral, et non de celle de son nouveau chef et de ses lieutenants immédiats. Aux yeux de beaucoup d'observateurs, ceux-ci font figure d'étrangers au sein de la formation politique dont ils assument pourtant la direction !

À l'été 70, soit deux ans après l'élection de Pierre Trudeau, le parti demeure une caisse électorale, drapée sous le manteau plus honorable d'une fédération d'apparat dont les quelque cinquante mille membres n'exercent aucune influence réelle sur les prises de décision du gouvernement, et ne possèdent d'ailleurs pas les moyens qui leur permettraient de le faire. Il ne faut pas oublier que, dans un État moderne, la technocratie est si puissante qu'une force populaire, qu'elle soit d'opposition ou non, ne peut prétendre jouer un rôle significatif à moins d'être pourvue des instruments de recherche et d'information appropriés.

Or, en juin 1970, le P.L.C. (Q.) est surtout pourvu d'un secrétariat pour l'émission de cartes de membres. Les trésoriers de la caisse exercent le pouvoir réel, pendant que la Fédération leur sert de couverture démocratique !

Le point de départ

En mai 1970, Marc Lalonde est au sommet de sa puissance en tant qu'éminence grise de Pierre Trudeau. Non pas que le premier ministre soit faible mais les tâches de chef de gouvernement sont si multiples et si exigeantes que le partage du pouvoir avec un petit nombre de personnes ayant la confiance du leader est inévitable. Dans le cas de Lalonde, cette confiance est évidente, au point que plusieurs ministres n'oseraient pas discuter les désirs et les suggestions du chef de cabinet. Certes, le leader du Québec, en ce qui concerne les affaires du parti, est alors le ministre de l'Expansion économique régionale : Jean Marchand. Même là cependant, Lalonde a son mot à dire. Il est assez habile pour le dire d'une façon qui ne porte pas ombrage au leadership du député de Langelier.

Le 11 mai 1970, soit quelques semaines seulement après les élections provinciales, je rencontre Marc Lalonde à Ottawa. Nous discutons assez longuement des problèmes du parti au Québec et des moyens à prendre pour transformer la permanence en une organisation active en tout temps et non seulement en période électorale. Nous tombons d'accord sur l'ordre de grandeur du budget et sur le personnel cadre qui sera nécessaire.

Claude Frenette est le président du parti pour le Québec. À la suite de mon entretien avec Marc Lalonde, Frenette me demande de préparer un bref mémoire à l'intention de l'Exécutif du parti, proposant le plan d'action que j'aimerais voir adopter. Au cours de la conversation avec Frenette et dans mon texte, j'insiste, en particulier, sur l'importance de créer un service d'éducation politique, dirigé par un professionnel de l'Éducation des adultes et ayant pour tâche de promouvoir une véritable connaissance des dossiers politiques par les militants. Sans cela, lui dis-je, la participation demeure un slogan vide de sens.

Je n'ai pu retrouver dans mes dossiers le texte de ce mémoire daté de juin 1970. Y était-il question de la caisse électorale et du financement du parti ? Je ne saurais l'affirmer. Quoi qu'il en soit, je ne devais pas tarder à être confronté avec ces questions qui furent l'une des pierres d'achoppement de l'expérience de démocratisation du P.L.C. (Q.) à l'époque où je fus appelé à y contribuer.

Je rencontrai brièvement le premier ministre Trudeau et Jean Marchand, dans la journée du 10 juin 1970 pour vérifier leur accord avec le mémoire soumis au Comité exécutif. En soirée, le même jour, je rencontrai les membres du Comité. La lumière était verte partout. Il ne me restait plus qu'à démarrer ! Je pris charge de l'administration du parti le 15 juin 1970 et je devais remettre ma démission le 15 octobre 1971.

L'art (difficile !) de partager le pouvoir

Au moment où je rédige ces quelques souvenirs, à la faveur de mes vacances annuelles de 1975, le mot « participation » est encore en vogue. Même si je ne dispose pas d'un indice de popularité pour les expressions du vocabulaire politique ou socio-politique, je crois cependant que le mot est moins « in » aujourd'hui qu'il ne l'était en 70-71.

Quoi qu'il en soit, toute participation qui dépasse le niveau de la parole pour prendre forme dans les faits signifie un partage réel du pouvoir. Pour quiconque, c'est là une démarche coûteuse. Qu'il s'agisse d'un couple qui partage la responsabilité du budget familial ou d'un chef d'État qui tente d'équilibrer l'apport des divers groupes sociaux à la gouverne de la chose publique, qui dit participation dit partage.

J'ai connu Pierre Trudeau, de même que Jean Marchand, dans les années cinquante. Avec eux et avec Gérard Pelletier (rencontré beaucoup plus tôt dans les mouvements de jeunesse), j'ai milité plusieurs années, surtout dans le syndicalisme mais aussi dans un mouvement d'éducation politique, le Rassemblement, voué à renforcer les idées et les structures de la démocratie québécoise à une époque où elle en avait grand besoin (1957-1958). Malgré la Loi des mesures de guerre de 1970 et malgré ce que plusieurs de mes concitoyens du Québec devaient dire et écrire sur Pierre Trudeau, je n'ai jamais douté, jusqu'à ce jour, que lui-même et ses deux collègues aient voulu rester fidèles aux idées et aux valeurs qu'ils défendaient dans les années 50. Je crois que l'histoire leur rendra ce témoignage. Les organisateurs libéraux qui se plaignaient d'être dirigés par un chef qui avait le cœur à gauche ne se trompaient pas. Mais comme les troupes libérales n'ont jamais eu le même penchant, Pierre Trudeau a dû apprendre l'art du compromis, des détours et des sous-entendus, toutes vertus assez étrangères à son tempérament vif et à sa passion pour la dialectique spontanée.

Six mois après l'élection de Trudeau comme chef du Parti libéral et premier ministre du Canada, j'avais encore peine à y croire ! D'ailleurs, peu de temps avant la convention nationale et jusqu'à la désormais célèbre conférence constitutionnelle où le ministre de la Justice qu'il était alors avait croisé le fer avec Daniel Johnson devant nos petits écrans, les paris n'auraient pas été forts en sa faveur !

Au moment d'assumer mes nouvelles fonctions, j'affirmai aux journalistes qui me questionnaient que Pierre Trudeau était le chef politique le plus apte à soutenir le dialogue avec les citoyens, et le mieux disposé à encourager la participation du peuple au débat politique. Je n'ai jamais regretté cette affirmation. Ce que j'ai découvert dans mes dix-huit mois à la direction de la permanence du parti c'est qu'il faut plus que l'appui occasionnel du chef pour édifier une véritable force démocratique susceptible, à l'occasion, de créer une tension entre la volonté du pouvoir exécutif et le consensus des militants. J'ai aussi découvert qu'un homme revêtu d'une charge aussi écrasante doit déléguer beaucoup, qu'il doit donc se fier souvent au jugement des autres. Il y a une limite au nombre de décisions qu'un leader peut prendre dans une même journée. J'ai eu connaissance de certaines décisions prises par des collaborateurs immédiats du P.M. dont le penchant démocratique n'était pas aussi caractérisé qu'il l'était chez leur chef.

Je note au passage qu'à l'époque où je travaillais au sein du P.L.C. (Q.), les adversaires politiques n'étaient pas les seuls à manifester des réticences à l'endroit de l'entourage immédiat du P.M. Sur les banquettes de l'opposition, on accusait le chef du gouvernement d'édifier en douce un système présidentiel, tandis que chez les dirigeants et militants libéraux on ironisait parfois, évidemment en privé, sur « la cour du roi Pierre ». Personne, à ma connaissance, ne mettait en doute l'intelligence et le talent qui fourmillaient autour du P.M. mais plusieurs, et j'ai été de ceux-là, auraient souhaité que certains de ces beaux esprits fussent plus sensibles à l'importance du parti comme rouage démocratique devant inspirer l'action du gouvernement et de son chef.

Pour résumer en une phrase ce que je mettrai quelque effort à démontrer, je suis sorti de mon expérience d'organisateur politique avec la conviction qu'il est beaucoup plus difficile et beaucoup plus long de bâtir un parti démocratique et bien structuré que de prendre le pouvoir. Ni la chance, ni la conjoncture, ni la température, ni même le talent ne suffisent à bâtir un parti qui a le cœur à gauche ! Il faut le temps, beaucoup de temps. À cette idée s'ajoute aussi une interrogation : je me demande s'il est possible de bâtir un parti qui ait certaines racines populaires à partir uniquement d'individus isolés. Je parle évidemment du contexte canadien.

Autrement dit, pour avoir un parti qui a le cœur à gauche (c'est-à-dire qui se fait le défenseur habituel des plus faibles et des plus déshérités) il faut peut-être obligatoirement compter avec les syndicats de travailleurs, d'agriculteurs, de consommateurs, les comités de citoyens, etc. Si l'on considère la faiblesse relative du sentiment de classe au Canada, surtout au Québec, et que l'on y ajoute notre système nord-américain de monopole de représentation syndicale, il faut se demander si l'on n'est pas confronté à la quadrature du cercle.

Le parti n'avait pas été très actif de 1965 à 1970, en dehors des périodes électorales. Il faut noter cependant l'importante exception de la campagne au leadership, en 1968. Cette campagne avait donné lieu, non seulement à une activité fébrile au plan de l'organisation mais aussi à un brassage d'idées qui soufflait un vent de renouveau sur le parti. Quant aux activités permanentes, elles se limitaient à la liste traditionnelle : congrès, recrutement des membres, collecte de fonds, etc. Un service-jeunesse avait aussi été établi. Doté d'un animateur permanent, ce service avait suscité un certain intérêt chez les jeunes, dans le prolongement de la campagne à la chefferie de 1968.

Fort de l'appui de l'Exécutif, du leader pour le Québec et du chef national lui-même, je m'appliquai, dès mon entrée en fonction, à mettre à exécution le programme d'action tracé au début de juin. Ce programme visait à rien de moins qu'à constituer un groupe de militants bien informés et dotés des appuis techniques nécessaires pour que leur participation à l'élaboration des politiques puisse être significative. Pour atteindre cet objectif, la permanence du parti devait être dotée d'un petit groupe de spécialistes devant épauler l'action des militants bénévoles et assurer la continuité du travail. Nous voulions une équipe forte et non pas un groupe de haut-parleurs dociles comme ceux que les partis conventionnels ont tendance à recruter. Ainsi, je rappellerai que le poste de directeur de l'information fut offert, dans l'ordre, aux journalistes suivants : Michel Roy, Pierre O'Neil, Mario Cardinal[1].

Un service d'éducation politique ne tarda pas à être constitué et confié à un jeune sociologue spécialisé dans la formation des adultes. Claude Marceau, dont il s'agit, n'avait jamais été impliqué dans l'action politique, pas plus d'ailleurs que Normand Jutras, que nous étions allés chercher à l'Université de Montréal, pour remplir le poste de directeur de l'information.

Si les diverses commissions du parti n'étaient pas très actives en dehors de périodes électorales c'était, d'une part, parce qu'elles étaient dépourvues d'un support technique mais, d'autre part, parce qu'il n'existait pas de forum au sein du parti pour alimenter et soutenir le débat politique. Les associations de comtés étaient souvent dominées par le député ou par des officiers pour qui les fonctions essentielles du parti étaient de faire des élections et aussi, il faut bien le dire, de distribuer quelques faveurs aux amis. Même dans les cas, et il y en avait, où le leadership de l'association de comté était mieux éclairé et plus engagé, il y avait la barrière du cadre artificiel que constitue le comté. Les esprits progressistes, surtout en milieu urbain, ne se regroupent pas selon les lignes des comtés. Les intérêts collectifs des citoyens ne sont pas non plus répartis sur cette base. Je lançai l'idée de créer des Conseils métropolitains du parti, d'abord à Montréal et à Québec. Cette amorce devait permettre d'établir le parti comme agent actif dans le débat politique. L'idée ne tarda pas à recevoir l'approbation des cadres du P.L.C. (Q.) comme en fait foi la résolution suivante adoptée par le Comité exécutif en août 1970 :

— « Attendu que le projet de créer des Conseils métropolitains du parti à Montréal et à Québec a suscité beaucoup d'intérêt, à l'intérieur aussi bien qu'à l'extérieur du parti.

— Attendu que des représentants du parti dans d'autres régions du Québec (du Saguenay notamment) se sont montrés intéressés à cette formule d'organisation.

— Attendu que le Parti libéral du Canada aura d'autant plus de chances de prendre le leadership du débat politique

---

[1] *À l'été 1970, ce dernier travailla pendant un mois à mi-temps à la permanence mais il opta finalement pour une orientation différente.*

que ses cadres et ses militants recevront une information adéquate.

— Attendu qu'il est dans l'intérêt du parti de favoriser le regroupement de ses cadres à l'intérieur de régions naturelles où l'on retrouve à la fois une certaine communauté d'intérêts et des ressources suffisantes pour alimenter une réflexion politique efficace.

— Attendu que les études et discussions rendues possibles par ces regroupements sont de nature à stimuler l'action des associations de comtés.

— Attendu que celles-ci restent la base de l'enracinement du parti.

— Qu'il soit résolu :

1° d'approuver la création immédiate de Conseils métropolitains du parti à Montréal et à Québec ;

2° d'autoriser la permanence à mettre sur pied des Conseils régionaux ou conseils urbains, dans les autres régions du Québec, selon le désir des cadres du parti dans chaque région ;

3° de donner à ses Conseils métropolitains, urbains ou régionaux, des structures souples adaptées aux besoins particuliers à chaque territoire ;

4° de placer ces organismes d'étude et de discussion politiques sous la responsabilité du Comité exécutif du parti qui procédera lui-même à la nomination des officiers responsables dans chaque cas, sur recommandation de la permanence du parti ;

5° d'inviter les conseils à faire rapport régulièrement au Comité exécutif et à la Commission politique du résultat de leurs délibérations. Ces rapports pourront, selon les désirs des intéressés, prendre la forme de simples comptes rendus ou de véritables résolutions et recommandations ;

6° d'inviter les Conseils métropolitains, urbains ou régionaux du parti à faire largement appel à des spécialistes et à des représentants autorisés des divers groupes sociaux et à toute autre ressource disponible dans le milieu, pour l'élaboration de leur programme ;

7° de statuer qu'à moins de raisons graves d'agir autrement, les réunions des Conseils métropolitains, urbains et régionaux sont publiques, dans le sens que les médias d'information y sont invités. »

L'effort d'ouverture, de démocratisation et d'enracinement du parti, illustré par cette résolution, reçut l'appui des plus hautes instances du parti. Ainsi, s'adressant au Conseil de direction, Jean Marchand déclarait :

« Le Parti libéral ne doit pas se placer sur la défensive et demeurer en marge des mouvements de contestation. Nous devons, au contraire, être très près des problèmes concrets et rechercher avec tous les intéressés les meilleures solutions aux problèmes, sans avoir peur de remettre en cause nos propres politiques. »

Mais, et Jean Marchand le savait fort bien, cela est plus vite dit que fait ! « Tous les intéressés » ne sont pas spontanément disposés à participer au Parti libéral du Canada. Dans la tradition du Québec, la politique, c'est d'abord une affaire provinciale. Ottawa, c'est très loin, psychologiquement. On nous a longtemps dit que cette capitale nationale était le fief des anglo-protestants. Beaucoup l'ont cru, plusieurs le croient encore !

Dans le Québec de 1970, au lendemain d'une élection provinciale où le Parti indépendantiste a connu un éclatant succès dans la faveur populaire et à la veille de la flambée de violence d'octobre, la politique fédérale, ce n'est pas très « dans le vent ». D'ailleurs, bon nombre d'organisateurs libéraux, surtout ceux de la vieille garde, sont plus préoccupés de donner un coup de main à la réélection de Jean Drapeau à la mairie de Montréal qu'ils le sont de soutenir ce qui, dans leur esprit, constitue d'inutiles parlottes. Il n'est donc pas étonnant que les forums politiques convoqués par les Conseils métropolitains ou régionaux du Parti libéral du Canada n'aient connu qu'un succès mitigé en ce qui concerne la participation populaire. Les chiffres qui figurent ci-après ne sont quand même pas dépourvus de signification.

Février 1971

CONSEILS MÉTROPOLITAINS ET RÉGIONAUX

(Calendrier des rencontres passées)

DATE	NOM	ASSISTANCE	THÈMES	MINISTRE INVITÉ
19 sept. 1970	Conseil métrop. de Montréal	160 pers.	Dév. écon. Drogue Logement Port	M. Gérard Pelletier
20 sept. 1970	Conseil métrop. de Québec	100 pers.	Dév. écon. Port Fiscalité Habitation	M. Jean Marchand
4 oct. 1970	Conseil région. du Nord-Ouest	140 pers.	Mines Dév. région.	M. Jean Marchand
12 déc. 1970	Conseil métrop. de Montréal	80 pers.	Chômage Logement	M. Gérard Pelletier
16 déc. 1970	Conseil métrop. de Québec	150 pers.	Port Chômage	M. Jean Marchand
20 déc. 1970	Conseil région. du Bas Saint-Laurent	80 pers.	Dév. indust.	M. Jean Chrétien
16 janv. 1971	Conseil région. de la Rive-Sud	250 pers.	Fiscalité Agriculture Dév. écon.	M. Jean-Luc Pépin
24 janv. 1971	Journée région. Chicoutimi-Lac Saint-Jean	150 pers.	Chômage Dév. région. Agriculture	M. J.-Pierre Goyer

Malheureusement, l'effort ne fut pas poursuivi assez longtemps pour donner naissance à de véritables cercles d'études politiques qui auraient généré leur propre dynamisme et seraient devenus un aiguillon permanent pour le parti.

Dès octobre 1969, le premier ministre du Canada et chef du Parti libéral déclarait :

« Il faut qu'on soit présent, comme libéraux, chez les pauvres. Il faut qu'on soit présent dans les secteurs de taudis dans les grandes villes. Il faut qu'on soit présent partout où les gens souffrent, où il y a du chômage, où ils sont dans la misère. Il faut y être, dans la rue, parce que c'est vrai, peut-être, que c'est là où la politique se décidera. Et si on n'y est pas, nous autres libéraux, elle se fera sans nous. Elle se fera par l'anarchie ; elle se fera par les fauteurs de trouble. Alors, je fais appel à vous pour être présents en tant que militants libéraux. »

Ayant lu bien avant 1969 les excellents textes produits par Pierre Trudeau sur la théorie et la pratique de la démocratie, je serais malvenu de juger sa pensée politique à l'aune de cette brève citation. J'aimerais cependant faire abstraction de la personnalité et des idées de Trudeau pour faire remarquer que ce texte, sans doute attribuable à l'un des rédacteurs attachés au bureau du P.M. en 1969, illustre assez bien le défi auquel j'ai déjà fait allusion. On demande ici aux militants libéraux d'être présents parmi les pauvres et les chômeurs, on ne demande pas aux pauvres d'adhérer au Parti libéral ! C'est sans doute en vain qu'on les inviterait et, en ce sens, la phrase prononcée par le chef du parti est empreinte de réalisme.

Il reste que sans la pression des groupes les plus déshérités et sans l'apport de la majorité de l'intelligentsia québécoise, occupée à flirter avec la souveraineté, il n'était pas facile de créer un parti populaire et vivant susceptible d'épauler ou d'inventer une politique réformatrice. Plusieurs éléments d'une telle politique émanaient quand même du gouvernement. Les historiens en jugeront. Quant à l'interaction entre les militants et le gouvernement, elle ne fut jamais aussi créatrice et vigoureuse que plusieurs des personnes impliquées l'auraient souhaité. Dans un cas cependant l'action du parti fut, à mon avis, substantielle et fort opportune, même si cela devait créer une certaine résistance du tout-puissant chef de cabinet du premier ministre !

> « La société a besoin de trouver dans ses guides les plus hautes vertus associées aux plus grands talents. Où et comment a-t-il été démontré qu'on trouve les uns et les autres dans la multitude ? Où est la preuve que la multitude accueille les vues les plus éclairées ? »

Cette citation de Guizot est rappelée par Jean-Jacques Servan-Schreiber dans son manifeste du Parti radical. Je me souviens de l'avoir utilisée pour taquiner Marc Lalonde un soir de mai 1971 alors que nous discutions du mémoire que le P.L.C. (Q.) se proposait de présenter au Comité mixte du Sénat et de la Chambre sur la Constitution du Canada. Lalonde avait été mal impressionné par un premier texte rédigé à ma demande par un professeur de Laval (Gérard Bergeron). Il mobilisa l'un de ses collaborateurs (Francis Fox) pour préparer un texte plus orthodoxe ! Mais cet essai d'apologétique fédéraliste s'avéra trop orthodoxe à mon goût et au goût de mon ami Jean Fortier, alors président du P.L.C. (Q.). L'équipe de la permanence[1] rédigea donc un troisième

---

[1] *Essentiellement, c'est Fortier et moi qui accouchâmes du nouveau texte, reproduit en page 212.*

texte, empruntant aux deux projets précédents. Cette nouvelle version fut longuement discutée à l'Exécutif du parti. C'est le texte qui fut soumis au Comité de la Chambre, après un certain nombre d'amendements. La version finale fut certainement transmise à Marc Lalonde, soit directement, soit par l'intermédiaire du représentant du P.M. à l'Exécutif du parti. Quoi qu'il en soit, il n'apprécia guère que nous fassions une telle présentation et indiqua clairement qu'il aurait préféré voir le parti s'« occuper d'organisation ». Cette saute d'humeur de Lalonde ne saurait suffire à le classer dans le camp des adversaires de la participation des militants du parti à l'évolution de la pensée gouvernementale. Ce serait injuste. Le souvenir que je garde de mes échanges avec lui m'amène cependant à croire que Marc Lalonde est ambivalent sur ce plan. Sa conscience sociale le porte vers les valeurs de la participation démocratique. Par tempérament toutefois, Lalonde est plutôt autoritaire. Doué d'une intelligence percutante, d'une capacité de travail jusqu'ici illimitée, Marc Lalonde est un redoutable interlocuteur pour quiconque. Mais peut-être accumulera-t-il sur son passage plus de grincements de dents que ce n'est le cas pour son chef.

Pierre Trudeau

Pierre Trudeau a la réputation d'être un rationaliste et un dialecticien. Dans une discussion, il ne cède pas. S'il a le dessus, il abusera parfois de la situation. Il tolère très difficilement la bêtise, ou même l'ignorance. Ses adversaires politiques le disent arrogant. Ceux qui le connaissent de vieille date savent que ce n'est pas en politique qu'il a pris cette habitude. Pierre Trudeau est aussi un humaniste. Rien ne le laisse indifférent, ni les hommes ni les choses. Il est intellectuellement très curieux.

Durant mon stage de dix-huit mois au P.L.C. (Q.) j'ai eu l'occasion de déjeuner trois fois au 24 Sussex, dont deux fois en tête à tête avec Pierre Trudeau et une fois en compagnie des ministres du Québec et de Marc Lalonde. Je me souviens en particulier d'un jour d'été (le 27 juillet 1971, je crois) où j'étais allé rencontrer le premier ministre à son bureau de l'édifice de l'Est vers midi quinze. Sa limousine était déjà stationnée à la porte lorsque je montai à l'étage et me présentai à son bureau. J'y fus accueilli, for aimablement, par mademoiselle Mary Macdonald. (Je crois qu'il s'agit de l'ancienne secrétaire de M. Pearson.) Elle m'invita à noter la présence sur la pelouse de la colline parlementaire d'une brigade de majorettes, venue de Colombie-Britannique. Le programme prévoyait pour midi trente un salut au premier ministre, à sa sortie de l'édifice. Quelques instants plus tard, Pierre Trudeau apparut dans l'antichambre. Il me salua et m'invita à le suivre. Un secrétaire le prévint, à ce moment-là, de la présence des jeunes visiteuses de l'Ouest (des fillettes de 12 à 15 ans) et lui demanda de s'arrêter un instant pour donner la main au commandant de la garde.

Trudeau manifesta quelque impatience devant cette requête, alléguant qu'il n'avait pas été prévenu, qu'il avait peu de temps pour déjeuner...

Je constatai, en atteignant la porte de sortie, qu'une trentaine de touristes étaient massés sur le trottoir, entre la porte et la limousine du P.M. Quant aux majorettes, elles étaient à l'attention, en rangs bien droits, derrière la voiture. Trudeau salua quelques touristes, distribua distraitement sourires et poignées de mains. Les déclics des caméras se succédèrent. Il est possible que je sois actuellement suspendu au mur, dans la maison d'un fermier du Vermont ou d'un marchand de tapis du Texas, privilège que je dois à la renommée de celui qui m'avait invité à déjeuner !

Après avoir salué le commandant, Trudeau se laissa convaincre de passer la troupe en revue. Il y consacra plusieurs de ses (oserais-je dire de « mes ») précieuses minutes.

Les élections

Le 8 mai 1971, je dictai à ma secrétaire une note qui me semble aujourd'hui une bonne entrée en matière pour aborder la question des élections et des travailleurs d'élections. En voici le texte intégral !

Un jeune vieux

Le 21 février 1971, la Commission électorale du Parti libéral du Canada (Québec) décida de décréter la tenue de « conventions » dans les comtés de Chambly et de Trois-Rivières afin de choisir les porte-couleurs du Parti libéral pour les élections partielles imminentes. À ce moment-là, on prévoyait de très nombreuses candidatures dans l'un et l'autre des comtés, surtout dans le comté de Chambly. Parmi les rumeurs, pas moins d'une douzaine de noms étaient avancés où l'on retrouvait l'organisateur régional du parti, le directeur de la région Rive-Sud, le président de l'association de comté, une vice-présidente provinciale du parti de même qu'une ancienne vice-présidente... sans parler de plusieurs militants libéraux du comté de Chambly. De Paris, je reçus un télégramme m'annonçant qu'un annonceur de CKVL, vraisemblablement en poste à Paris depuis quelque temps, se proposait de rentrer au pays et de poser, lui aussi, sa candidature.

À Trois-Rivières, la situation était un peu moins confuse mais là aussi on prévoyait que plusieurs coursiers se préparaient à prendre le départ.

Devant une telle situation, la Commission électorale jugea tout d'abord que le plus prudent et le plus sage était de conserver une attitude de neutralité et de laisser les militants locaux faire le choix à leur gré des candidats libéraux qu'ils jugeaient les plus aptes à les représenter. Il va sans dire que l'on espérait que ce choix fût judicieux. Quant aux règlements de « convention », la Commission électorale jugea qu'il était plus prudent de réserver le privilège du vote aux membres inscrits sur nos listes pour la période antérieure (68-70) mais qui renouvelleraient leur contribution avant une date déterminée. En effet, la liste des membres en règle au 21 février 1971 était vraiment peu impressionnante. Les listes de 68-70 donnaient quelque 800 membres pour Trois-Rivières et 500 dans Chambly.

Comme arrière-fond de cette situation, il faut rappeler que le jour même où la Commission électorale s'était réunie pour prendre ces décisions, le premier ministre du Canada et chef du parti, Pierre Elliott Trudeau, avait, à l'occasion d'un dîner-bénéfice et en réponse à une question qui lui était posée, exprimé sans équivoque son désir de voir les femmes jouer un rôle accru en politique et notamment dans les cadres du Parti libéral du Canada. Un détail pittoresque au sujet de ce forum, c'est le fait que les convives y formulèrent plusieurs centaines de questions à l'intention du premier ministre. Un comité de sélection était chargé de faire un tri afin d'assurer l'intérêt et la variété des questions auxquelles le premier ministre aurait le temps de répondre. Comme une bonne militante libérale m'apportait, à la dernière minute, une question sur le rôle des femmes en politique, je m'assurai moi-même que cette question figurerait parmi les quelques-unes que le président du parti, Jean Fortier, s'apprêtait à lire à Trudeau. C'est ainsi que débuta la première vague de candidatures féminines dont j'aie été témoin dans l'un quelconque des partis politiques au Québec. Cette vague n'eut hélas ! que peu de résultats dans l'immédiat. *La Presse* du lundi 15 mars titra, sur six colonnes : « Les libéraux fédéraux du Québec voudraient avoir des femmes au parlement et au cabinet. » L'article de Maurice Giroux s'encadrait de six photos de citoyennes dont on annonçait la candidature probable, dont quatre dans Chambly et deux dans Trois-Rivières. Mais l'invasion féminine fut de courte durée !

Pour ne point allonger indûment mon propos, j'abandonnerai ici mes amis de la Mauricie, non sans avoir mentionné toutefois que la candidate qui avait finalement reçu une certaine « bénédiction » de plusieurs personnalités du parti, mademoiselle Lise Bacon, présidente de la Fédération libérale du Québec, se désista très peu de temps après avoir déposé son bulletin de candidature. Est-ce que ce fut par peur de n'être pas élue, à cause des pressions du Parti libéral provincial ou du peu d'enthousiasme que suscitait cette candidature chez le frère de la candidate, le député provincial Guy Bacon ? Après le retrait de Lise Bacon, il restait une autre femme sur les rangs, madame Aline Janvier. Celle-ci ne fut toutefois pas choisie par la « convention » qui donna plutôt sa confiance à Claude Lajoie, un jeune entrepreneur en construction du Cap-de-la-Madeleine.

Si le Parti libéral avait été, en 1971, aussi riche que le prétendaient ses adversaires, je n'aurais pas hésité longuement avant de faire effectuer, dans Chambly comme dans Trois-Rivières, un sondage susceptible de nous éclairer sur la réceptivité de l'électorat à l'endroit d'une candidature féminine. Ce sondage ne fut commandé qu'au moment où il s'avérait de plus en plus évident que les meilleurs candidats, à Chambly comme à Trois-Rivières, seraient des candidates. Effectivement, le sondage montra, sans aucune équivoque, que l'ensemble des électeurs étaient mieux disposés à l'endroit d'une candidature féminine que ne l'étaient les membres de nos associations libérales. Mais ici, il faudrait pouvoir mesurer l'influence très considérable qu'exercent les organisateurs politiques sur les membres des associations. Dans Chambly comme dans Trois-Rivières, la majeure partie des organisateurs, tout « libéraux » qu'ils fussent, était de mentalité conservatrice. À ma grande déception, il s'avéra que le député provincial de Verchères et ministre de l'Éducation dans le cabinet Bourassa était non moins conservateur que ses organisateurs, du moins en matière électorale. Pour comprendre l'imbroglio qui entoura la « convention » libérale en vue du choix du candidat à l'élection partielle dans le comté fédéral de Chambly, il faut d'abord se rappeler qu'une large partie du territoire de ce comté était constituée par le comté provincial de Verchères. Il faut également noter que Guy Saint-Pierre a été élu comme candidat libéral à l'élection provinciale d'avril 70 par une « convention » formée de deux représentants libéraux par bureau de vote. Ces derniers avaient été soigneusement choisis grâce au concours d'une petite équipe d'organisateurs chevronnés. Le député-ministre avait-il contracté, à l'endroit de ses organisateurs, une dette de reconnaissance qui nuisait à sa liberté d'initiative ? Cela est fort possible. Quoi qu'il en soit, sans que l'on pût déterminer si le ministre entraînait ses organisateurs ou si ceux-ci entraînaient le ministre, nous découvrîmes, quinze jours ou trois semaines avant la « convention » de Chambly, que le candidat fédéral avait de fortes chances d'être choisi par la machine du Parti libéral provincial. À quelques reprises, j'eus l'occasion de dialoguer avec Guy Saint-Pierre et je tentai de le convaincre qu'il prenait un gros risque en intervenant d'une façon aussi directe dans une affaire qui ne concernait, somme toute, que le Parti libéral fédéral. Le député-ministre de 36 ans m'affirma qu'il était tout à fait favorable à une candidature féminine et qu'il aurait volontiers appuyé une telle candidature si la personne concernée avait eu plus d'expérience. En l'occurrence, madame Micheline Côté avait quatre ans d'âge de moins que le ministre. Quant à l'expérience en politique il est vrai qu'elle en avait peu, aussi peu que l'actuel député provincial de Verchères lorsqu'il se lança dans la mêlée. Quoi qu'il en soit, il n'en voulut point démordre et déclara qu'il allait appuyer la candidature d'Yvon L'Heureux. À 57 ans, l'ancien maire de Belœil, qui fut pendant un an député fédéral, de 57 à 58, bien qu'il eût beaucoup d'expérience politique, ne nous semblait pas être de la trempe d'homme dont nous avions besoin pour rehausser la qualité de la députation aux Communes. Quelques dirigeants du parti décidèrent donc d'appuyer discrètement la candidature de Micheline Côté, même si nous étions convaincus à l'avance que la lutte serait très dure et l'issue plus que douteuse. Je tentai une intervention auprès du grand manitou du Parti libéral provincial, le conseiller spécial Paul Desrochers. Je tentai de lui expliquer qu'il n'était peut-être pas dans l'intérêt de l'équipe provinciale que l'un des ministres du cabinet Bourassa s'avançât aussi loin dans les affaires du parti frère. Desrochers fut avec moi très correct et très aimable et m'assura qu'il allait parler à Guy Saint-Pierre. Je ne tardai pourtant pas à recevoir de diverses parts des commentaires sur les colères de l'ami Paul à mon endroit et à l'endroit de tous les dirigeants du Parti libéral fédéral. Il semblait évident que Paul Desrochers, non satisfait de trôner sur la machine du Parti libéral provincial et d'être l'administrateur suprême du patronage, désirait avoir son mot à dire dans le choix des candidats fédéraux.

Au moment où je dicte ces quelques notes, je ne sais pas encore, et personne je crois dans le Parti libéral fédéral ne sait exactement, quelle est l'ampleur des ambitions de nos amis provinciaux et combien, parmi les leaders du Parti libéral du Québec approuvent et appuient l'attitude qu'ont adoptée Guy Saint-Pierre et Paul Desrochers dans l'affaire de Chambly.

Si je m'appelais Guy Saint-Pierre, je garderais un souvenir plutôt amer du soir du 21 avril 1971, lorsque, dans le Centre culturel de Belœil, quelque 400 membres de l'association libérale fédérale du comté de Chambly étaient réunis pour choisir leur candidat aux élections partielles. Yvon L'Heureux, Marcel Rémillard et Micheline Côté ont adressé la parole aux délégués pendant 10 minutes chacun. Si le style c'est l'homme, la différence de styles était ici tellement marquée que toute personne de bonne foi qui serait entrée dans la salle, sans aucun parti pris, aurait certainement misé sur la candidature de la jeune-femme-non-expérimentée. Telle ne fut pas l'attitude de l'honorable ministre qui passa toute la soirée, avant le premier tour de scrutin et avant le deuxième tour, à cabaler pour son organisateur et ami Yvon L'Heureux. Nous fûmes plusieurs à classer cette soirée au nombre des multiples désillusions que la vie réserve aux hommes d'action, quel que soit leur champ d'activités.

(Fin de la note dictée le 8 mai 1971)

Yvon L'Heureux et Claude Lajoie furent élus pour siéger à la Chambre des Communes le 31 mai 1971. Je me souviens que Jean Marchand et Gérard Pelletier acceptèrent d'appuyer le candidat Yvon L'Heureux et prirent part à au moins une assemblée chacun où ils durent vanter les mérites du porte-étendard libéral. Ceux qui connaissaient bien la petite histoire de cette candidature purent apprécier, une fois de plus, le lourd tribut qu'impose la solidarité partisane.

Au risque d'impatienter le lecteur, je ne saurais sacrifier ma fantaisie à une quelconque nécessité méthodologique. Ce qu'il me plaît de faire maintenant est de rappeler mes souvenirs relatifs à un personnage clé de notre folklore politique : le travailleur d'élections. C'est un sujet que je recommande aux chercheurs d'analyser en profondeur. Mes propres sources de documentation sont limitées : quatre ans en politique provinciale, comme député d'Ahuntsic et dix-huit mois à la tête de la permanence du P.L.C. (Q.).

Lorsqu'on n'a jamais tâté de la politique dans les cadres d'un parti, c'était mon cas avant juin 1966, on ne se doute pas de l'existence, même en milieu urbain, d'une faune de quasi « commissaires du peuple ». Cette caste d'organisateurs régente et gère en douce les affaires de la collectivité. Dans une ville aussi mal structurée et aussi peu planifiée que Montréal, ces réseaux d'agents électoraux constituent très certainement une des fibres les plus solides du tissu social. Très souvent d'ailleurs cette élite gestionnaire de la vie de quartier s'assimile et se confond à une autre catégorie d'organisateurs, les hommes et les femmes d'œuvres. Oui, oui, je veux parler (me référant à 1966) de la Saint-Vincent-de-Paul, de la Ligue du Sacré-Cœur, etc., — tout ce qu'il est de tradition d'appeler : les « bonnes œuvres ».

Le ton légèrement sarcastique avec lequel j'aborde mon récit pourra faire croire que je juge sévèrement la caste des organisateurs. Je me dois de corriger immédiatement cette impression. Comme il arrive dans les meilleures familles, la caste comporte ses moutons noirs. Pourtant, du point de vue de la moralité individuelle, on y rencontre toute la gamme des comportements et il est facile de faire la preuve qu'en moyenne, et à en juger par ses agents, la politique n'est pas si sale qu'on le dit.

Qu'il soit donc clairement établi que je m'intéresse surtout à une autre facette de la fonction d'organisateur. Il s'agit, non pas de morale individuelle, au sens où on l'entend d'ordinaire, mais plutôt du rapport entre la pensée et l'action.

Pour assurer la complète objectivité de mon propos, je suggérerai au lecteur qui veut s'en donner la peine l'expérience suivante : pouvez-vous établir la liste des représentants ou agents des groupes suivants pour les résidents de votre voisinage immédiat :

— recensement fédéral
— recensement provincial
— recensement municipal
— loto-Québec
— Société Saint-Vincent-de-Paul
— Centraide
— partis politiques fédéraux (représentants dans les bureaux de vote)
— partis politiques municipaux (représentants dans les bureaux de vote)
— partis politiques provinciaux (représentants dans les bureaux de vote)
— œuvres d'entraide
— clubs sportifs
— assemblée des marguilliers
— comité de parents ?

Si votre expérience confirme la mienne, vous vous rendrez compte que les mêmes personnes figurent, très souvent, sur quatre, cinq ou six listes. Ce que cela signifie, je suppose, c'est que certaines personnes ont une propension naturelle à l'organisation. Les motivations s'échelonnent de la disponibilité vertueuse et civique au besoin psychologique de s'affirmer, en passant par l'intérêt pécuniaire, l'envie de fuir son foyer, la peur de la solitude, le goût d'épater ses voisins, le désir de rendre service à un ami, etc. Sur chacune de ces motivations, on pourrait être tenté de mettre des noms. Mais, comme les travailleurs électoraux sont des êtres humains assez semblables à ceux qu'ils organisent, ils portent rarement un seul chapeau. Leurs motivations sont généralement ambiguës et multiples. Il me semble cependant qu'un nombre relativement restreint de ceux qui forment l'armature essentielle et irremplaçable de notre vie politique fondent leurs activités partisanes sur le désir conscient de contribuer à bâtir une société qui soit conforme à la représentation particulière qu'ils se font de la société idéale. Mais, me répondra-t-on, où le citoyen moyen trouvera-t-il cette image globale de la société ? Il ne saurait créer lui-même cette image. Certes, c'est le rôle des partis politiques de l'aider à façonner ce modèle. Mais comment les partis seraient-ils essentiellement différents de ceux qui les composent ? L'on en revient ainsi à l'éternel cycle de la poule et de l'œuf.

L'art de partager le pouvoir
(toujours aussi difficile)

Lorsque Marc Lalonde succéda à Jean Marchand comme leader des libéraux fédéraux au Québec (printemps ou été 1975) j'étais déjà fonctionnaire depuis plusieurs années. Ce n'est donc pas moi qui ferai la chronique de sa période de leadership. Je sais que certains fonctionnaires se trouvent assez près des hommes politiques. Ce n'est pas mon cas. En arrivant à Ottawa, je me suis fourré le nez dans mes papiers, et je l'y ai laissé ! D'ailleurs, la quantité de papier dont tout bon bureaucrate est encombré est suffisante, non seulement pour y cacher le nez de Cyrano, mais sa personne tout entière !

De Marc Lalonde, il me reste une chose à dire qui remonte à l'époque où sous le vocable sympathique du « grand Marc », il trônait dans son immense bureau de chef de cabinet. Plusieurs ministres lui enviaient son influence auprès du patron. Quant à l'éminence grise, rien n'interdit de penser qu'elle préparait soigneusement son entrée dans l'arène ! Quoi qu'il en soit, le grand Marc prononça, le 8 septembre 1971, une importante conférence devant l'Institut d'administration publique du Canada. Son sujet : « Le cabinet du premier ministre, son rôle, son évolution ». À l'époque, le passage suivant m'avait frappé :

« Les différents groupes consultatifs provinciaux, parfois appelés « troïkas », sont un autre moyen de maintenir la liaison entre le premier ministre et le cabinet d'une part, et le parti extra-parlementaire, de l'autre. Chaque groupe consultatif se compose d'un ministre élu dans la province concernée, du président du « caucus » libéral fédéral de cette province et du président (ou d'un représentant) de l'organisation du Parti libéral fédéral dans la même province. Ces personnes se réunissent de temps à autre pour discuter de différents sujets qui vont de l'étude des décisions du gouvernement touchant leur région, à l'évaluation de la stratégie politique. Un représentant du cabinet du premier ministre (l'adjoint de la section régionale) participe habituellement à chacune de ces réunions pour s'assurer que le point de vue du premier ministre est présenté et que la teneur des discussions des groupes consultatifs est bien communiquée au premier ministre. »

Certains pourront s'étonner qu'un jeune adjoint du chef de cabinet soit un meilleur messager que le ministre ou que le président du caucus. On comprendrait que le président provincial du parti, étant éloigné d'Ottawa... mais il serait vain de chercher d'autre explication qu'un aveu, peut-être involontaire (et qui sait !) du fait que Marc Lalonde étant le chef de cabinet, c'est par lui que l'information accède au premier ministre et qu'elle en émane !

Je pourrais glaner ainsi bon nombre d'anecdotes mais ce serait superflu. Je me résume en rappelant à propos de Marc Lalonde son intelligence, sa force de caractère, son effort délibéré vers les idées de changement et de progrès social mais aussi son ambivalence quant au partage du pouvoir et, en particulier, quant au rôle du parti en tant qu'aiguillon du gouvernement.

J'ai déjà fait allusion au mémoire que le parti avait présenté, en juin 1971, au Comité d'étude sur la Constitution. Pour les amateurs de la petite histoire politique ce texte est reproduit en appendice[1]. Le lecteur averti notera, s'il est également objectif, que le ton général de ce document est beaucoup plus conciliant que beaucoup de déclarations officielles émanant du gouvernement Trudeau à la même époque. Le tempérament et la formation des personnes en cause dans l'une et l'autre institution peuvent certes expliquer en partie cette différence dans le ton et dans la substance même de l'approche politique particulière à chacun des groupes. Pourtant, cette seule explication ne suffit pas. Au delà des personnalités il faut constater l'influence du milieu. Quiconque est absorbé quinze heures par jour dans les mille et un rouages de la machine bureaucratique de l'État aura nécessairement plus de difficulté à tâter le pouls de la population. Le phénomène de la tour d'ivoire n'est pas un mythe. Dans le cas qui nous occupe, il faut également tenir compte de la dimension régionale. Pour celui dont les racines, et les antennes, se limitent au Québec, il est plus facile de faire la synthèse de ses convictions politiques particulières. Si l'on poursuit le même objectif à partir d'une fonction d'envergure essentiellement

---

[1] *Page 212.*

nationale, les sons de cloche sont plus nombreux, et souvent discordants.

Au delà des idéologies politiques et de la pureté originelle des motivations profondes des détenteurs du pouvoir il faut constater une chose, facilement vérifiable, mais que beaucoup d'observateurs semblent oublier. Je veux parler de la très grande dispersion du pouvoir et, conséquemment, de la lourdeur de la machine administrative de l'État. Tout chef de gouvernement, que ce soit au plan d'une grande ville, d'une province ou du pays, me semble être dans la position du capitaine d'un navire naviguant sur une mer déchaînée. Il n'est pas facile, dans de telles circonstances, de maintenir sa vitesse et son cap !

Tout récemment encore, un collaborateur du premier ministre me disait avoir été frappé par ce problème de la dispersion des centres de décision. Beaucoup de gens pensent qu'il suffit d'un ordre de celui qui détient « l'autorité » pour qu'une chose se réalise. Certes il y a des cas où le cheminement de la décision à la réalisation est direct et sans heurt. Mais il arrive aussi, et très souvent, qu'une bonne idée, appuyée en haut lieu, se perde dans les dédales, soit de la coordination intersectorielle, soit encore dans les lenteurs de l'appareil bureaucratique. Jour après jour, année après année, le leader, à quelque niveau qu'il opère, doit revenir à la charge, réaffirmer ses priorités, les faire comprendre, accepter, exécuter. C'est ici qu'un parti vigilant et démocratiquement bien structuré peut être utile, sinon essentiel. Sans cet aiguillon qui échappe aux lenteurs et aux déviations de la machine bureaucratique, le meilleur des leaders risque de tourner en rond ou d'être neutralisé par son entourage. Le contrepoids et l'enracinement que peut offrir le parti ne seront réels que si la marge de manœuvre laissée aux décisions de la base et aux cadres est elle-même réelle. Une liberté d'expression et d'action, supportée par les moyens financiers appropriés, constitue la pierre d'angle de l'activité du parti.

La tension occasionnelle entre les assises démocratiques d'une formation politique, son aile parlementaire et le gouvernement qui en est issu constituent un contrepoids utile. Tout cabinet est divisé en factions, comme tout caucus et toute administration bureaucratique. Ceux qui vivent dans l'entourage du pouvoir, sans parler de ceux qui font profession d'étudier ces phénomènes, savent fort bien que le pouvoir

réel se déplace presque continuellement entre les divers
ministères et agences, au gré des alliances, des disgrâces et
des ascensions éphémères. Dans un tel décor, ce n'est pas un
joueur de plus qui mettra en danger la permanence de l'État.

Prendre le pouvoir, c'est déjà une tâche aride. Pourtant,
on peut y être aidé, soit par la conjoncture économique et
politique, notamment par la faiblesse de ses adversaires ou,
assez paradoxalement, par leur multitude (dans le cas où ils
sont divisés entre eux). On peut aussi être aidé par le besoin
de changement ressenti par la population ou, au contraire,
par la peur du changement. Bien sûr, le talent et le travail,
ça ne nuit pas non plus.

Il en va autrement lorsqu'il s'agit de bâtir un parti politique vraiment enraciné dans la population et qui soit un
moyen de communication, non seulement de haut en bas,
mais aussi de bas en haut. D'abord et avant tout, il faut faire
un choix. En effet, on peut opter pour une machine électorale
efficace sans trop se préoccuper de la participation des militants en dehors des périodes électorales. C'est une question
d'esprit et de style.

Mais bâtir un véritable mouvement politique, d'esprit
démocratique, ne peut en aucune façon être l'effet de la chance
ou du hasard. Cela exige une quantité énorme d'énergie,
d'imagination et aussi, il ne faut pas l'oublier, de patience.

LES CAISSES
ÉLECTORALES

(Rédigé en 1976)

On a dit tout le mal possible des caisses électorales. Fort heureusement les lois récentes, aussi bien du Parlement fédéral que de l'Assemblée nationale du Québec, sont venues atténuer les inconvénients, hélas ! trop réels, des dons occultes et des bailleurs de fonds anonymes. J'aimerais rendre compte de ma brève expérience en matière de financement d'un parti politique.

Au Parti libéral du Canada (section Québec) et pour la période où j'y ai occupé des fonctions administratives (1970-1971), il existait trois sources principales de revenu. D'abord, la contribution nominale des membres du parti : deux dollars par année, partagés entre l'association de comté et la permanence provinciale. Cette source seule, même multipliée par 25 ou 30 mille, ne saurait constituer une base financière suffisante pour le financement de la permanence et encore moins pour répondre aux exigences considérables d'élections partielles ou générales. Dans le cas du Parti libéral, on ajoutait à cette contribution nominale deux autres sources de revenu : les dîners ou cocktails bénéfices et la collecte auprès des gros bailleurs de fonds, c'est-à-dire les bénéficiaires de contrats gouvernementaux ou ceux qui espéraient le devenir. Un dîner-bénéfice à 50$ le couvert, groupant plus de trois mille convives, peut facilement rapporter un bénéfice net de

150,000$. Il s'agit d'une somme non négligeable. Pourtant, un tel revenu annuel ne saurait suffire à tous les besoins d'un parti politique qui se veut actif. C'est là que les collecteurs entrent en ligne de compte. On a dit beaucoup de mal de ces éminences grises qui logent ordinairement dans les suites confortables du quartier des affaires de Montréal ou de Toronto... avant de se regrouper au Sénat ! Il faut pourtant prendre soin de distinguer, dans le cas de cette catégorie particulière de personnes, comme il faut toujours faire face à une collectivité. Il y a collecteur et collecteur ! Toutes les collectes ne logent pas à la même enseigne ! On a dit que les sadiques avaient tendance à se faire chirurgiens... ou policiers. Qu'il y ait chez les collecteurs plus de radins et de pique-assiette que chez les assistants sociaux, je n'ai pas de peine à le croire. Mais il y a aussi des gens individuellement très honnêtes. Il y en a ! Je vous l'assure. J'en ai connu ! Je ne blague pas ! Pourtant je ne saurais compléter mon propos sans rappeler la bonne plaisanterie que Camillien Houde avait faite au Parlement de Québec, à l'époque où il était chef du Parti conservateur. Dans une envolée particulièrement enflammée il avait déclaré, en regardant les députés libéraux qui siégeaient en face de lui : « Monsieur le président, la moitié des députés dans cette Chambre sont des voleurs. » Sur les instances du premier ministre, le président demanda évidemment au bouillant député de retirer ses paroles. Se tournant alors vers ses propres collègues, Camillien déclara, pince-sans-rire : « Monsieur le président, la moitié des députés dans cette Chambre ne sont pas des voleurs ! »

Au delà de la moralité personnelle des individus il y a telle chose que l'éthique et les habitudes collectives qui caractérisent un groupe, par exemple, un parti politique. Ainsi, même si le système des caisses électorales plus ou moins occultes est un mauvais système, il peut être provisoirement tolérable, ou non, du point de vue de la moralité politique, selon que la coutume établie situe la collecte avant l'obtention d'un contrat gouvernemental (la souscription devenant une condition) ou au contraire fait surgir le représentant de la caisse après l'octroi du contrat. La différence entre les deux situations saute aux yeux.

Dès mon arrivée au parti, j'ai fait un effort réel pour démocratiser les sources de financement et pour donner au public accès aux faits principaux concernant cette fameuse caisse électorale. Je me suis d'abord buté à une longue tradition qui voulait qu'au sein du Parti libéral existent trois catégories de personnes mêlées à l'administration des finances. Il y avait, à l'avant-plan, les administrateurs de la fédération ou si l'on veut, de la permanence du parti. Ces officiers ne constituaient pourtant que la ligue mineure dans les problèmes de financement. Les personnes importantes étaient les collecteurs officiels, lesquels se partageaient la responsabilité de la liste des noms spéciaux pour les dîners-bénéfices, de même que la collecte, plus substantielle, qu'en termes ecclésiastiques on aurait sans doute appelée la collecte silencieuse ! Un autre phénomène, relativement peu connu du public mais auquel ceux qui ont touché de près à la politique sont fort habitués, est celui du partage des responsabilités entre les collecteurs et les payeurs. Je dois admettre que c'est là une division des tâches dont les causes profondes m'échappent. D'ailleurs je me suis attaqué davantage à remplacer le système qu'à en faire l'historique. Quoi qu'il en soit, il était de tradition au Parti libéral, comme sans doute au Parti conservateur du Canada (mais cela je ne saurais l'affirmer) que certaines personnes, désignées par les hautes instances du parti, fussent responsables de collecter les fonds, de les déposer dans un compte en fiducie, et que d'autres personnes se chargent de distribuer l'argent. Une part, aussi petite que possible, allait à la permanence du parti. La part du lion était destinée aux organisations électorales de chacun des comtés, quand venait le moment d'une élection, partielle ou générale. On imagine facilement que ces payeurs, qui distribuaient aux organisations de comtés la manne du parti, acquéraient de ce fait une influence considérable sur le choix des candidats et sur la façon dont devaient être conduites les activités électorales. Pourtant ces personnages demeuraient traditionnellement dans l'ombre. Très rares étaient ceux qui connaissaient leur identité, en dehors du cercle restreint des responsables immédiats pour chacun des comtés.

Ma première tentative fut donc d'éliminer ces bienfaiteurs occultes et, par résolution du comité exécutif, d'obtenir que tout l'argent distribué pour financer les activités du parti, que ce soit à la permanence provinciale ou dans les organisations de comtés, soit comptabilisé dans les livres de l'organisation officielle du parti, que les chèques soient signés de deux officiers, dont l'un soit nécessairement le directeur général du parti, afin que celui-ci soit en mesure de connaître l'usage des fonds, électoraux ou autres. Ce changement ne se fit pas sans quelques récriminations de la part de ceux qui perdaient ainsi leur pouvoir. Je dois dire par ailleurs que le comité exécutif et les hautes instances du parti ne résistèrent aucunement à l'idée, qu'ils l'encouragèrent au contraire.

Malheureusement, je ne crois pas que cette bonne habitude ait fait une longue carrière après mon départ. Au delà des quatre élections partielles qui eurent lieu pendant mon stage à la permanence, on devait rétablir le système des payeurs et c'est celui-ci qui était en place lors de l'élection générale de 1972.

Je proposai aussi au comité exécutif de publier notre budget annuel pour la permanence. Celui-ci était de l'ordre de 300,000$, alors que le Parti québécois s'affichait publiquement avec un budget de dépenses de près d'un demi-million. Cette suggestion ne fut pas retenue par crainte que le débat public ne passe de la liste des dépenses à l'origine des fonds. Or personne, au sein de l'équipe, n'était très fier du système mais le Cabinet n'était pas encore décidé à s'attaquer de front, par voix législative, au problème du financement des parties politiques.

Un fonctionnaire du Conseil privé avait été chargé de rédiger un projet de loi. Ce qui avait été fait. Ce fonctionnaire, très frustré de constater que son travail dormait sur les tablettes, m'expliqua qu'à son avis le premier ministre craignait qu'un appui, à même les fonds publics, à l'ensemble des partis politiques ne favorise l'enracinement du N.P.D.

Il y avait l'autre formule, celle du chapeau, qui avait fait la bonne fortune financière des créditistes de Caouette... et des péquistes de Lévesque. Je tentai, à plusieurs reprises, de convaincre le premier ministre Trudeau de se mettre personnellement au blanc, de tourner le dos aux gros bailleurs de fonds et de décréter la démocratisation des finances du parti. Je me souviens particulièrement d'un incident relatif au financement d'une série d'émissions télévisées que le parti avait décidé de mettre sur pied afin d'informer les Québécois de ce que faisait pour eux le gouvernement fédéral. On se rappellera qu'en 1970-1971 le gouvernement fédéral n'avait point tellement bonne presse au Québec ! Je tentai donc de convaincre le chef du parti que cette série télévisée constituerait une occasion excellente de rompre avec la tradition des dons occultes, en provenance des gros ou moyens financiers, et de tendre la main aux citoyens individuels, leur indiquant en toute franchise et candeur que c'était là leur meilleure garantie que le parti au pouvoir allait se sentir tout à fait libre pour adopter des lois qui fussent dans l'intérêt du plus grand nombre et pour administrer les affaires de l'État de la même manière.

Ce jour-là, je rencontrai le premier ministre à son bureau de l'édifice central du Parlement, immédiatement après la période des questions. J'étais convenu avec son secrétaire que nous marcherions ensemble vers le bloc de l'Est, à quelques mille pieds de là, où l'équipe de tournage nous attendait. Nous devions filmer les deux premières entrevues, par lesquelles le chef du parti devait lancer la série télévisée. Pour les fins de la petite histoire, il n'est pas sans intérêt de noter que ce jour-là était celui du fameux incident du « fuddle duddle ». C'était donc le jour où le premier ministre, agacé par les attaques de l'opposition, avait prononcé certains mots ou plutôt les avait murmurés, les accompagnant d'un geste d'impatience. Les critiques du chef libéral affirmèrent qu'il s'agissait d'une expression obscène, celle-là même que les anglophones prononcent parfois en montrant le sol avec leur pouce. Le premier ministre déclara qu'il avait dit plutôt « fuddle duddle » ! Quoi qu'il en soit, Pierre Trudeau était visiblement tendu par les échanges très vifs qui venaient d'avoir lieu à la Chambre des Communes. Il échangea quelques phrases avec son secrétaire, puis nous amorçâmes une discussion relative aux entrevues qu'il allait tourner quelques instants plus tard. Une fois déterminés les sujets dont il devait traiter, nous nous mîmes en marche vers le bloc de l'Est. Je profitai de cette courte promenade pour insister à nouveau sur l'importance qu'il y aurait pour lui, et pour le parti, de terminer ces émissions télévisées par une déclaration candide sur les finances du parti. Je proposai un appel direct aux citoyens, les priant de faire parvenir leurs contributions non seulement afin de financer la série des émissions télévisées mais aussi de contribuer aux activités générales du parti gouvernemental. Connaissant Pierre Trudeau de longue date, je savais que son sentiment personnel allait dans le sens d'une telle démocratisation des modes de financement de sa formation politique. Mais je savais aussi, et je n'aurais pas tardé à m'en convaincre s'il en eût été besoin, qu'en tant que chef du Parti libéral, et compte tenu du passé de ce parti, le geste que je lui suggérais était très difficile à avaler. Nous marchions à quatre sur la colline parlementaire. Si ma mémoire ne fait

pas défaut, les deux autres personnes étaient son secrétaire,
Tim Porteous, ainsi qu'un adjoint spécial, Jim Davey. Trudeau
se tourna vers ses deux collaborateurs et leur demanda ce
qu'ils pensaient de ma suggestion. Leur réaction fut immédiatement visible : ils n'étaient pas d'accord. Trudeau se
tourna vers moi et me dit, avec un sourire un peu en coin :
« Personnellement, Jean-Paul, je serais favorable à ton projet
mais comme tu vois, le vote est de 2 à 1. Nous travaillons en
équipe ici ! »

Je crus à l'époque, et je crois toujours, qu'il s'agissait là
d'une erreur. Je pense que si le premier ministre avait alors
utilisé son charisme certain et sa capacité de communiquer
d'une façon directe avec la population, il aurait pu marquer
un pas très important vers une démocratisation réelle du parti.
Certes une telle attitude lui eût attiré des sarcasmes de la part
de l'opposition et des critiques plus sévères encore de la part
des collecteurs traditionnels du parti[1].

---

[1] *En 1974, sous la pression du Nouveau Parti démocratique et alors qu'il était
minoritaire, le gouvernement Trudeau devait adopter des mesures fiscales (crédits
d'impôt) visant à faciliter le financement démocratique des partis politiques. Les
historiens et les observateurs de la chose politique auront quand même un peu de
mal à comprendre comment le grand théoricien de la démocratie qu'a été Pierre
Trudeau a pu se montrer si peu enthousiaste pour l'édification d'un véritable parti
de masse. À aucun moment de sa carrière cela n'a été pour lui une véritable
priorité. Personnellement, je crois qu'il est à peine exagéré de dire qu'il a dirigé
le Parti libéral du Canada sans vraiment y appartenir. Ce fut pour lui un instrument de pouvoir mais il n'avait ni confiance ni attachement envers SON parti.
Souhaitons que ses propres mémoires ou les mémoires de ceux qui l'ont côtoyé
pendant toutes ces années d'exercice du pouvoir viennent nous aider à résoudre
l'énigme de ce comportement.*

TROISIÈME PARTIE :

SIMPLES RÉFLEXIONS D'UN CITOYEN

UN COUP
DE TÉLÉPHONE

(Rédigé en novembre 1974)

Je suis un habitué sinon un admirateur d'Agatha Christie. Rien d'étonnant que j'aie considéré la série télévisée « Chapeau melon et bottes de cuir » comme un plat de choix au menu de l'écran familial. Ma femme a des goûts différents. Aussi, pendant qu'au sous-sol de notre maison de la rue Christophe-Colomb je me délectais des prouesses de Steed et de sa compagne, Marie lisait au salon. C'est donc elle qui répondit au téléphone. Trente secondes plus tard, elle ouvrait la porte et, du haut de l'escalier, me cria : « Jean-Paul, le premier ministre te demande au téléphone. » — Ma réaction spontanée fut de demander, pendant que je me relevais des profondeurs d'une chaise longue (mais surtout très basse) : « lequel ? » Elle me chuchota « je ne sais pas ». Je me saisis donc de l'appareil sans savoir qui, de mon ancien collègue de l'Assemblée nationale ou de mon frère d'armes des combats politiques des années cinquante daignait, du haut de son olympe, me donner un coup de fil. La secrétaire qui m'attendait à l'autre bout de la ligne ne me fut pas d'un grand secours. Elle se contenta de vérifier mon identité et elle ajouta : « Le premier ministre désire vous parler. » Quelques secondes plus tard, je n'eus aucune peine à identifier la voix de Robert Bourassa. « Bonsoir Jean-Paul, comment ça va ? »

C'était en juillet 1972 et ça n'allait pas trop bien ni pour moi, ni, à la vérité, pour l'équilibre social et politique au Québec. Les circonstances ont voulu, il serait idiot de ma part d'en tirer la moindre vanité, que je connaisse intimement les deux hommes qui devaient être appelés, simultanément, à diriger les gouvernements du Québec et du Canada. Avant d'administrer les affaires de l'État, ces deux leaders de parti ont eu la tâche d'orienter les troupes de partisans qui devaient monter à l'assaut du pouvoir. Or l'un des aspects les plus complexes de la politique, c'est à mon avis l'interaction constante qui s'exerce entre le leader et ses partisans. Quelquefois, cette tension se résorbe dans une domination complète du leader et l'on obtient le phénomène duplessiste. Plus souvent peut-être, une distance, sinon une disparité, subsiste entre le « chef et ses Indiens ». Je me souviens, par exemple, de la plainte fréquente de l'un des organisateurs libéraux fédéraux les plus chevronnés de Montréal qui me disait, textuellement : « Les libéraux ne se sont pas fendu le derrière... pour se retrouver avec un chef N.P.D. ! » Chose certaine, il est difficile pour un homme politique, à l'échelle du comté comme à celle du pays, de demeurer longtemps et en toutes circonstances différent de ses supporteurs. *La Presse* d'aujourd'hui, 10 novembre 1974, m'en apporte une nouvelle preuve. L'incident est cocasse et mérite d'être noté. Comme tous les samedis, je me suis rendu cet après-midi au restaurant du coin pour y chercher les journaux. La manchette de *La Presse* me frappa : « Gérard Pelletier et Robert Burns : nouveaux appuis au RCM ». J'en croyais à peine mes yeux. Non pas que je crus Pelletier incapable de se compromettre pour un groupe progressiste comme le Rassemblement des Citoyens de Montréal. Je ne le soupçonnais guère non plus d'être un admirateur de Drapeau mais je savais que l'organisateur en chef de Drapeau était aussi l'organisateur libéral dans Hochelaga... Je me dis que Pelletier s'apprêtait sans doute à quitter la politique et que cela le rendait plus libre... De retour à la maison, je m'empressai de lire cet article étonnant... pour constater que j'avais mal lu. La manchette se lisait : « Nouveaux appuis au *P.C.* et au RCM » et la nouvelle comportait la phrase suivante : « C'est ainsi que le ministre fédéral des Communications, M. Gérard Pelletier, a assisté à l'assemblée de M. Drapeau, pendant que le député péquiste Robert Burns participait à celle du Rassemblement des Citoyens de Montréal. » La décision de Pelletier me sembla inexplicable autrement que par le dicton satirique : « Je suis leur chef, donc je les suis. »

ON NE CHOISIT PAS
SES ALLIÉS

(Rédigé en septembre 1975)

Fin septembre 1975, chez Jacques Hébert, à Belœil, toute la tribu des citélibristes, version élargie, est réunie. Soirée mémorable, à plusieurs égards. Le frère Untel a le rire joyeux, Gérard Filion se prépare à partir pour la chasse, Pierre Juneau, le tout nouveau (et éphémère) ministre des Communications, est de la fête. Les Tremblay sont venus de Québec, Léon Dion aussi... c'est noir de monde. On fête les Pelletier, Gérard et Alec, à l'occasion de leur prochain départ pour Paris. Entre la poire et le fromage, je demande à Pelletier de m'expliquer l'inexplicable. Qu'allait-il faire dans la galère de Drapeau ce soir de novembre 1974 ? L'explication est directe, simple et, j'en suis certain, véridique. « Il ne s'agissait pas pour moi d'appuyer Drapeau. Je ne savais même pas qu'il serait présent. C'était bien pendant la campagne électorale de Montréal mais il s'agissait d'une fête en l'honneur de mon organisateur Pierre Lorange. Je fus le premier surpris d'y trouver Jean Drapeau. Si les comptes rendus des journaux étaient exacts, on a dû remarquer que je n'avais pas ouvert la bouche en faveur de Drapeau. »

Pelletier a toujours été un intellectuel rigoureux et réformiste. Cela ne change pas grand-chose au fait qu'en politique on choisit ses adversaires mais non ses alliés !

UNE OCCASION
DE SE TAIRE

(Rédigé en novembre 1976)

Marie et moi étions invités à dîner chez des amis et surtout, à y regarder le déroulement de la soirée des élections. Nous y arrivons vers sept heures trente. Une quinzaine d'invités sont déjà là. Un nombre égal reste à venir. Vers neuf heures, au moment où la victoire du P.Q. est presque assurée, arrivent Pierre et Margaret Trudeau. Après le buffet, il est peut-être 10 heures, quelques vétérans de la politique montent au vivoir du premier étage où notre hôte, en compagnie du premier ministre, dirige un « caucus ». « Que doit dire le chef du gouvernement fédéral dans la déclaration qu'il va faire à la télévision dans une demi-heure ? »

Je m'attendais si peu à cette question que j'en suis estomaqué au premier abord. J'ose demander : « Pourquoi une déclaration ce soir ?... Pourquoi ne pas attendre à demain ? Ne faut-il pas laisser parler Lévesque en premier ? surtout il ne faut pas ternir la joie des gagnants... plutôt laisser passer l'euphorie... sûrement pas être négatif... c'est le public qui vient de s'exprimer. » Mais je rame à contre-courant. Les autres encouragent le P.M. à parler le soir même. D'ailleurs, Trudeau (je l'ignorais) a déjà annoncé qu'il ferait une déclaration. Une demi-heure plus tard, nous voyons le premier ministre à l'écran. Son texte n'est pas mauvais mais le regard

est dur et les traits sont tendus. La dernière phrase, sur le
« Canada indivisible » sonne, dans le contexte de cette soirée
de fête pour les Péquistes, comme une provocation malhabile.

Je note donc dans mon journal que, ce 15 novembre
1976, le premier ministre du Canada a raté une bonne occasion de se taire !

AU DELÀ DU DUEL
TRUDEAU-LÉVESQUE

(Rédigé en février 1977)

Depuis plusieurs années déjà, quelques analystes attentifs de la scène politique canadienne avaient prévu que Pierre Elliott Trudeau et René Lévesque en viendraient à se rencontrer dans un combat singulier. Voilà maintenant que l'heure a sonné et que les observateurs, des premières rangées du stade québécois jusqu'aux capitales les plus éloignées, s'apprêtent à regarder un superspectacle qui risque d'entraîner des conséquences aussi importantes que difficiles à prévoir sur le sort de vingt-deux millions de Canadiens.

Indépendamment des idées de chacun sur le destin des Canadiens français, et conséquemment, de nos préférences pour l'une ou l'autre des thèses proposées, on conviendra facilement que les deux protagonistes possèdent des qualités et des talents tout à fait exceptionnels. L'avenir seul pourra dire qui sortira vainqueur de ce combat de géants. Pour l'instant, ce qui importe c'est de réfléchir au contexte dans lequel se déroule le débat.

Personne ne songerait à nier l'importance, à la vérité presque écrasante, du rôle que les deux chefs de gouvernement sont appelés à jouer dans une conjoncture politique aussi grave. Par ailleurs, à l'âge de la scolarisation de masse et de la communication instantanée, comment pourrait-on s'en remettre à deux hommes du sort de tout un peuple ? Or, sans que cette proposition ne soit formulée en autant de mots, les attitudes, non seulement du contribuable mais de beaucoup de citoyens supposément avertis de la chose politique, tendent à reconnaître comme un fait, voire à encourager, cette extrême polarisation du débat. Quelques observateurs, il est vrai, ont proposé d'y ajouter de nouveaux participants. Ainsi, on a parlé de créer une commission royale susceptible d'éclairer le débat constitutionnel. Et le politicologue Léon Dion recommandait, dans *Le Devoir* du 25 janvier dernier, la création d'un groupe de travail sur le statut politique du Québec. Il fondait sa suggestion sur le fait que, selon lui : « Les administrations fédérales régulières seront incapables de faire face convenablement à la situation nouvelle qui les confronte. » Dion précise sa pensée dans les termes suivants : « ... il s'impose que soit en toute urgence institué un groupe de travail sur le statut politique du Québec ayant pour mandat d'approfondir la nature des méthodes d'action que le gouvernement du Parti québécois mettra en œuvre, d'aviser aux moyens de maintenir des relations harmonieuses avec les représentants du gouvernement du Québec de même que de mettre au point les techniques qui permettraient d'ajuster graduellement le cadre politique canadien conformément au degré d'autodétermination requis pour que le Québec, le moment venu, obtienne le statut politique qui soit conforme à ses besoins et à ses aspirations. »

Un peu plus loin Léon Dion écrit encore : « D'ailleurs, tout en étant une création du gouvernement fédéral, ce groupe de travail devrait maintenir les meilleures relations possibles avec toutes les instances provinciales. Il pourrait même éventuellement constituer un premier noyau du groupe qui, le cas échéant, pourrait avoir à négocier un nouveau statut politique pour le Québec ou pour toutes les provinces du Canada. »

La suggestion de Léon Dion ne me semble pas être la meilleure formule pour en arriver à une révision appropriée de la constitution canadienne. D'une part, il faut éviter, comme je le mentionnais tout à l'heure, que les seules équipes gouvernementales de Québec et d'Ottawa, représentées la plupart du temps par leurs chefs respectifs, soient les seuls véritables participants au débat. D'autre part, il faut reconnaître de façon très claire la responsabilité singulière des chefs politiques face au peuple souverain. Si l'on parle de négociations, il semble ne faire aucun doute que c'est aux chefs de gouvernements que cette responsabilité incombe. Mais en sommes-nous vraiment là ? Ou n'y a-t-il pas lieu de poser d'abord les préalables à des négociations fructueuses.

Dans un discours fort remarqué qu'il prononçait à Québec, le 28 janvier dernier, le premier ministre du Canada s'est dit prêt à envisager une refonte complète de la Constitution, selon une approche fonctionnelle. Une telle approche suppose de longues et méticuleuses études mais aussi la lente et progressive édification d'un consensus national. C'est là un travail de cinq à dix ans.

Comme beaucoup d'autres observateurs, j'ai suivi attentivement, depuis 1960, le débat constitutionnel. Or, un élément a toujours fait défaut dans ce débat qui s'avère aujourd'hui essentiel. Il s'agit d'un dossier complet, comportant autant de volets sectoriels que nécessaire, qui soit entièrement ouvert au public, fournisse sur le problème en discussion divers éclairages, et offre aux hommes politiques une variété de choix. Je m'explique :

Que l'on songe aux domaines de la santé, du bien-être social, de l'agriculture, de l'environnement, des pêcheries, etc., toute révision fonctionnelle du partage des pouvoirs exigerait d'abord un bilan objectif du fonctionnement actuel des institutions publiques, à partir des responsabilités inscrites dans l'actuelle constitution du Canada, consacrées par les jugements de Cour ou simplement par l'usage. En admettant volontiers qu'il y a des exceptions à cette règle comme à toutes les autres, je n'hésiterais pas à poser comme hypothèse que la bureaucratie gouvernementale, à Québec comme à Ottawa, puisse difficilement produire un dossier vraiment objectif sur son propre fonctionnement. Je ne crois pas non plus qu'un seul groupe de travail, comme le recommande Léon Dion, ou encore une Commission royale d'enquête, puisse remplir un tel mandat. La tâche à accomplir est tellement gigantesque et l'information à transmettre au peuple souverain tellement volumineuse qu'il importe de répartir les informateurs d'un bout à l'autre du pays. Une façon de le faire serait de confier à une douzaine d'équipes de chercheurs, choisis dans les diverses régions du pays, autant d'analyses sectorielles. Mieux qu'un procès du fédéralisme, cette démarche pourrait constituer le coup d'envoi d'une véritable révision en profondeur de nos institutions. Nous savons par expérience que des organismes beaucoup moins complexes mettent des mois et parfois des années à rajuster leurs structures internes et leurs modes d'opération. Qui osera prétendre qu'un échéancier de cinq ou six ans serait déraisonnable pour refaire l'épine dorsale d'un pays qui semble bien avoir besoin de cette révision profonde ?

Un moratoire permettrait par ailleurs à chacun de poursuivre sa besogne immédiate. Le gouvernement du Québec pourrait faire ce que son chef avait promis durant la campagne électorale, c'est-à-dire fournir au Québec un bon gouvernement provincial, laissant à plus tard les choix définitifs que l'on était alors convenu de placer entre parenthèses. S'il faut un référendum, je propose qu'il porte sur l'idée d'un moratoire et d'une véritable tentative de révision en profondeur de la constitution canadienne.

UNE RÉVISION EN PROFONDEUR DE LA CONSTITUTION PLUTÔT QU'UN RÉFÉRENDUM HÂTIF SUR L'INDÉPENDANCE

(Rédigé le 3 février 1977)

Le premier ministre du Canada, au cours d'une méditation à haute voix, dont la profondeur et la sérénité ont été abondamment commentées, suggérait récemment d'en finir avec les incertitudes de la situation présente et de procéder à un référendum final et définitif... pour quelques générations ! C'est là une proposition qui ne manque pas d'intérêt... pour les fédéralistes. Quant à ceux qui ont opté pour la souveraineté du Québec, cette proposition a sans doute la valeur d'un cadeau de Grec.

Dans l'hypothèse d'un référendum assez prochain, la victoire du camp fédéraliste ne fait pas de doute. De là à ce que ce soit une victoire définitive... il y a toute une marge.

Il semble maintenant exister au Canada un assez large consensus sur l'utilité d'une révision en profondeur de la constitution canadienne. Après cent dix ans, il est temps de revoir la « rédaction » que nous ont léguée les Pères de la Confédération. Même si les indépendantistes ne sont pas disposés à se rallier à l'avance à cette tentative de modernisation des institutions canadiennes, il y a plus d'espoir dans ce scénario que dans un procès stérile du statu quo. Pour ceux qui croient au fédéralisme, le défi n'est plus de vaincre les « séparatistes » mais d'unir le plus grand nombre possible de citoyens dans un pays renouvelé et renforcé.

Certains disent qu'une telle mise à jour a déjà fait l'objet de multiples débats. Je répondrai que les « parlementages » auxquels nous avons assisté au cours des dernières années n'ont rejoint qu'un petit cercle d'initiés. Pas même tous les parlementaires ! Certes, les ministres du Québec et ceux d'Ottawa, de même que leurs collaborateurs immédiats ont causé abondamment... jusqu'à l'indigestion. Les autres, tous les autres, étaient des spectateurs. En 1971, il y eut un comité d'étude du Parlement canadien. Dans les journaux, quelques scribes isolés ont noirci des pages de quelques variations sur les paragraphes 91 à 94 de l'A.A.B.N. Peut-on dire que cela est suffisant pour éclairer le peuple souverain et jeter les bases d'un choix éclairé ? Il me semble que non. Revoir les écritures des Pères de la Confédération n'est pas une mince besogne. Nous avons bien changé depuis 1867. Nous sommes plus nombreux, plus riches, plus conscients et plus exigeants. N'en déplaise à nos ancêtres ! Quand Macdonald et Cartier discutaient de répartition des pouvoirs, ils ne prévoyaient ni les satellites, ni les ordinateurs... Au plan de l'évolution de la technologie, le dernier siècle en vaut plusieurs.

Une fois établie la possibilité d'une révision globale de la constitution, il reste à en définir les modalités. Plusieurs propositions ont été mises de l'avant à ce sujet. Personnellement, je n'aime pas la suggestion de Léon Dion. Telle que formulée du moins, cette idée d'un comité d'étude et de négociation me semble usurper une responsabilité qui appartient en propre aux hommes politiques. Une hypothèse qui mériterait d'être étudiée, il me semble, serait la commandite conjointe, par le gouvernement fédéral et les gouvernements provinciaux, d'une série d'études sectorielles sur le fonctionnement des programmes gouvernementaux. Ces études, confiées à des équipes indépendantes réparties aux quatre coins du pays, fourniraient aux hommes politiques et aux citoyens un éclairage nouveau sur l'actuel partage des pouvoirs et sur l'état des programmes gouvernementaux.

Pour la première fois peut-être nous aurions la possibilité d'un véritable débat démocratique en ce sens que la participation serait considérablement élargie. Les études détaillées, sectorielles plutôt que globales, rendraient possible une révision fonctionnelle. En outre, l'indépendance des chercheurs conserverait aux dirigeants politiques une marge de manœuvre qu'ils n'ont pas toujours vis-à-vis de leurs fonctionnaires.

On dit que les hommes politiques manquent de flexibilité. La chose s'est déjà produite, indéniablement. Mais les bureaucraties d'Ottawa, de Québec ou d'Edmonton ne sont pas toujours très portées aux remises en question. Aussi, l'intervention bien structurée d'un agent provocateur indépendant des technocrates pourrait s'avérer des plus utiles.

Tout cela devrait-il déboucher sur une assemblée constituante ? Je l'ignore. Ce qui semble le plus problématique pour l'instant, c'est le mécanisme d'amorce et d'enracinement d'un débat de fond sur le réaménagement des institutions politiques canadiennes.

DEMI-TOUR À DROITE ?

(Rédigé en février 1977)

Il faut espérer qu'après nous être si difficilement libérés d'un cléricalisme omniprésent et dominateur nous n'allons pas engendrer et subir une nouvelle forme d'intolérance. La vigilance s'impose tout de même si l'on en croit quelques signes récents.

Vers la fin des années 60, Jacques Couture était prêtre-ouvrier. Il habitait un fort modeste logis du quartier Saint-Henri. Militant très actif dans son quartier, il tirait sa subsistance d'un emploi régulier comme livreur. Je l'ai rencontré à cette époque. Je fus impressionné par la sincérité de son témoignage et la lucidité de son analyse de la situation des zones grises de Montréal.

Au delà des options à long terme quant au destin des Canadiens français, je fus donc de ceux qui accueillirent avec joie la nomination de Jacques Couture comme ministre du Travail et de la Main-d'œuvre. Voilà un homme qui connaît certainement la condition ouvrière. Je continue d'en espérer beaucoup. Justement en raison de cette confiance et de cet espoir, j'ai été peiné de lire, dans *Le Devoir* du 5 février, le compte rendu suivant :

« Le ministre du Travail et de la Main-d'œuvre, M. Jacques Couture, a quitté ostensiblement hier midi les grands salons du Reine-Élisabeth où plus de 1,000 présidents et cadres de l'industrie nord-américaine des pâtes et papiers étaient rassemblés, au beau milieu du discours du président de l'Association canadienne des producteurs de pâtes et papiers (ACPPP).

C'est au moment où M. Howart Hart « réitérait sa foi dans l'unité canadienne » que M. Couture a quitté la table des dirigeants de la Domtar, dont il était l'invité personnel. Rejoint dans le couloir du Reine-Élisabeth par *Le Devoir*, M. Couture, apparemment très choqué, devait expliquer qu'il « n'accepte pas que des hommes d'affaires abordent ainsi une question politique, se lancent dans un couplet à la gloire du fédéralisme, en présence d'un ministre québécois. »

Quelle que soit la distance idéologique qui sépare le militant social-démocrate et indépendantiste de l'homme d'affaires doublé d'un fédéraliste, il y a place dans une société démocratique pour la libre expression des idées de chacun. Qui plus est, l'actuel ministre du Travail ne doit pas son élection à l'option indépendantiste mais à la promesse de constituer « un gouvernement provincial comme un autre »... jusqu'au référendum.

Jean-Marc Léger n'a point encore, que je sache, de fonction officielle, ni dans le gouvernement ni dans le Parti québécois. Mais son option politique est connue depuis fort longtemps. Il est destiné à devenir l'un des « penseurs » du régime. Or l'enthousiasme dont il fait preuve dans sa série d'articles au *Devoir* (février 1977) a de quoi inquiéter ceux qui ne partagent pas sa foi dans la transformation magique et instantanée que l'indépendance fera subir, non seulement aux institutions politiques du Québec, mais aussi aux Québécois eux-mêmes. Il écrit notamment :

« Le système d'enseignement et les moyens d'information (ceux-ci libérés de l'hypothèque de la publicité commerciale) devront contribuer à créer un climat où chacun se sente en permanence directement concerné par le devenir collectif. Car la participation est le contraire de l'irresponsabilité vers laquelle la société de consommation oriente l'individu.

Redevenu citoyen, celui-ci saura que les droits découlent des obligations lucidement assumées et ne se justifient que pour faciliter l'accomplissement de nouveaux devoirs. »

Le fédéralisme canadien n'est pas sans défaut. Mais qui aurait cru que la constitution avait tué le civisme chez les Québécois ! Et qui aurait osé prédire que l'indépendance nous libérera, comme par enchantement, de la société de consommation ?

Jean-Marc Léger écrit aussi, dans son article du 4 février :

« Je tiens en effet pour acquis que le peuple du Québec, s'il est justement informé, éclairé, pleinement réconcilié avec sa dignité et avec son époque, voudra saisir l'occasion sans doute unique d'assumer enfin son destin, ou plutôt de se donner un destin. Hors cela, il n'est d'autre avenir que le dépérissement accéléré dans la médiocrité : voilà plus d'un siècle que nous le constatons. »

Par ailleurs, le 5 février, Léger rend hommage à... « la vitalité de nos créateurs (poètes, chansonniers, cinéastes, en particulier) depuis une vingtaine d'années... » Comment réconcilier cette explosion de talent avec le dépérissement et la médiocrité auxquels nous voue notre appartenance au Canada ?

La longue tirade de Léger me fait penser au prosélytisme étroit du catholicisme québécois des années 40. Vous souvenez-vous de cette idée que la vie est comme une rivière ? Ceux qui se marient traversent à la nage... ceux qui choisissent la prêtrise vont en chaloupe... ceux qui optent pour la vie religieuse traversent sur le pont ! Frère Jean-Marc, de grâce, ayez pitié de ceux qui ne cheminent pas à vos côtés sur le pont de l'isolation-association ! Ce sont peut-être quand même de bons citoyens et, qui sait, peut-être se trouve-t-il parmi eux des prophètes de quelque « grand dessein collectif » qui ne serait pas, en tout point, identique au vôtre. Quant au frère Jacques, souhaitons-lui une plus grande patience. S'il quitte les lieux chaque fois qu'il est contredit ou contrarié, sa carrière politique risque de se passer au grand air !

L'indépendantisme, s'il est érigé en religion, ne saurait plaire à ceux qui placent la liberté au premier rang des valeurs et des préoccupations humaines.

LA SOCIAL-DÉMOCRATIE, POURQUOI PAS ?

(Rédigé en février 1977)

À l'époque de Maurice Duplessis, les socialistes, réels ou présumés, étaient voués à la persécution. Les menaces du bras séculier ne faisaient d'ailleurs que renchérir sur les mises en garde et les condamnations prononcées par le clergé. On classait volontiers dans la même famille les marxistes, les socialistes et les sociaux-démocrates. C'étaient tous des « gauchistes » ! Ce n'étaient pas les méchants qui manquaient en ce temps-là. Rappelez-vous, même les protestants étaient suspects ! Et cela ne fait que vingt ans[1] !

La laïcisation des institutions et l'abandon généralisé de la pratique religieuse ont entraîné, au Québec plus que partout ailleurs, une mutation rapide et profonde de la société. Toutes les facettes de la vie collective ont été transformées. La vie politique, en particulier, où les anathèmes d'autrefois n'ont plus cours.

Il est quand même significatif que le premier ministre Bourassa ait jugé politiquement rentable de se déclarer partisan de la social-démocratie. Certes, c'était une ruse et un abus des mots. Un gouvernement qui réussit à couper ses contacts

---

[1] *Cela faisait vingt ans en 1977.*

avec la presque totalité des groupes populaires, à commencer par le mouvement syndical, ne se situe guère dans la tradition social-démocrate. D'ailleurs, par ses structures, son mode de financement et son type de relations avec les militants de la base, la formation politique qui a perdu le pouvoir le 15 novembre 1976 ne donnait pas l'exemple d'une démocratisation très poussée. Le fait demeure que l'étiquette social-démocrate ne faisait plus peur à compter de 1973. Robert Bourassa en avait pris conscience.

C'est un gouvernement social-démocrate que les Québécois ont porté au pouvoir en ce mémorable 15 novembre. Cette fois l'étiquette est beaucoup plus appropriée. Personne ne peut mettre en doute le fait que le P.Q., même mise à part son option indépendantiste, n'est pas un parti comme les autres. Plus qu'aucun de ses rivaux ou de ses prédécesseurs, il est enraciné dans la population. Son financement, son programme, ses points de contact avec les groupes populaires en font un mouvement politique singulier. Au moment où il a pris le pouvoir, il marquait, au Québec, un précédent qui se rapproche de la tradition social-démocrate établie dans l'Ouest du Canada depuis plusieurs décennies.

Le programme socio-économique du P.Q. ne saurait satisfaire les socialistes doctrinaires. Il est pourtant assez audacieux pour inspirer de sérieuses craintes aux financiers et aux bailleurs de fonds. Aux deux extrémités de l'éventail idéologique, le gouvernement compte donc des adversaires tenaces... ou puissants. Mais le Québécois moyen se situe à bonne distance de ces deux extrêmes. Dans ce royaume de l'homme moyen, le P.Q. a suscité beaucoup d'espoir.

Sans que cela soit toujours très explicite, nombreux sont ceux qui souhaitent une action politique et gouvernementale axée sur la vie quotidienne, sur les besoins des gens ordinaires. Au delà des idéologies, on voudrait que l'État se fasse plus attentif à l'habitat, au transport, à la santé, aux loisirs. Pas à une politique du logement conçue par et pour les « développeurs ». Pas à une politique des transports conçue en fonction des intérêts corporatifs. Pas à une politique de la santé imaginée en fonction des professions médicales ou à une politique de loisirs axée sur les appétits des entrepreneurs en loisirs. Beaucoup de Québécois rêvent d'une politique où Baptiste est le centre d'intérêt principal. Où Baptiste pourra même exprimer ses propres vues sur ses propres besoins. C'est cette image que le P.Q. représente, c'est cet espoir qu'il a fait naître. Il s'agit maintenant de savoir si le gouvernement du P.Q. fondera son pouvoir sur sa clientèle social-démocrate ou s'il s'évertuera plutôt à convertir la majorité de ses supporteurs à la théorie de l'indépendance d'abord, de l'indépendance « inévitable ». Si l'on en croit l'attitude outrageusement belliqueuse d'un Louis O'Neil, qui parle déjà du gouvernement d'Ottawa comme d'un gouvernement « étranger », on peut croire que le mot d'ordre du Cabinet est à l'escalade « usque ad referendum » !

La marge de manœuvre du gouvernement Lévesque n'est sans doute pas très grande. Ou il concentre toutes ses énergies sur le succès du référendum, disons dans deux ans. Dans ces conditions, les querelles Ottawa-Québec doivent proliférer et fournir la preuve éclatante que nous vivons dans « une maison de fous ». Cette expression, que René Lévesque affectionne particulièrement, pourrait d'ailleurs devenir l'un des slogans du référendum. L'autre option qui s'offre au gouvernement est moins facile. Elle consisterait essentiellement dans le respect des engagements pris durant la campagne électorale. Essentiellement, il s'agit de donner aux Québécois un bon gouvernement... social-démocrate. Dans ces conditions, les chances de gagner le référendum sont moins bonnes. À noter que si j'en crois ma boule de cristal, le référendum n'est pas gagné de toutes façons. Je veux dire pour l'indépendance. Mais dans le métier de prophète la modestie s'impose !

Faute de pouvoir prophétiser, on peut au moins poser des questions. Supposons donc que nous en sommes rendus au référendum et que le P.Q. perd sa gageure. Après tout, même De Gaulle a perdu un référendum ! Que ferait alors le gouvernement péquiste ? Ferait-il comme De Gaulle ? (Ce devrait être le conseil de Jean-Marc Léger !) Ou se tournerait-il alors vers ses partisans sociaux-démocrates et tenterait-il d'amorcer (ou de *poursuivre,* selon le cas) la révolution paisible et joyeuse dont le Québec a peut-être bien besoin ?

Ou verrons-nous une scission au sein du P.Q. et la poursuite, par une faction dissidente, des objectifs socio-économiques du P.Q. ? Verrons-nous plutôt une évolution du P.Q. vers la droite de l'échiquier politique et le regroupement de forces politiques issues de la base pour former un nouveau parti social-démocrate d'allégeance fédéraliste ?

Bien malin qui pourrait répondre, dès aujourd'hui, à toutes ces questions. Une seule chose semble acquise. Le Québec est maintenant mûr pour nourrir un mouvement social-démocrate. Robert Bourassa aura contribué à exorciser le mot, le P.Q. aura eu le mérite d'illustrer la chose... pour une période qui reste à déterminer.

QUAND ON REGRETTE D'AVOIR RAISON

(Rédigé le 8 décembre 1981)

La scène se passe dans un bureau de l'Assemblée nationale dont les deux occupants sont les députés de Laurier et d'Ahuntsic.

Il devait être cinq heures de l'après-midi. Nous discutions depuis plus d'une heure. Les jeux étaient bien près d'être faits. Le congrès du P.L.Q. devait avoir lieu dans quelques jours. Il ne restait à mon interlocuteur qu'à décider s'il quittait le parti de lui-même ou se laissait exclure avec ses amis... ou du moins certains de ses amis. Dans le bureau d'en face, le président du P.L.Q., Eric Kierans, était sans doute à préparer sa propre stratégie. Je me souviens très clairement (en regardant les nouvelles télévisées de dimanche dernier) d'avoir dit à René Lévesque : « Je comprends que tu ne sois pas emballé de tous les coéquipiers que nous partageons dans le Parti libéral. Je comprendrais aussi que tu veuilles te donner des assises plus populaires. Si tu quittais pour tenter une aventure du côté de la social-démocratie, je t'approuverais... et je partirais sans doute avec toi... mais je ne marche pas dans l'option nationaliste-souverainiste que tu proposes. Et je te prédis que tu seras encore plus déçu des alliés que tu vas acquérir sur cette route-là. Tu ne seras jamais assez pur pour leur plaire. Ils te renieront finalement. »

C'était à l'automne 67. Quatorze ans plus tard, les congressistes du P.Q. réunis à Montréal me donnèrent raison en acclamant les frères Rose comme les pionniers de l'indépendance et en adoptant des résolutions que René Lévesque se sentait incapable de défendre.

J'aurais préféré m'être trompé ! Il n'est jamais rassurant d'entendre l'éloge de la violence et la justification du mépris.

Le spectacle de décembre 81, qui devait provoquer chez René Lévesque une inquiétude certainement sincère, était pourtant dans la logique de l'État-nation. Ce que je n'avais pas prévu en 1967, et que lui-même n'avait sans doute pas planifié consciemment, c'était sa propre contribution à la symbolique du mépris, dont les congressistes de 81 devaient lui fournir une image agrandie. Depuis les lointaines sorties de Lévesque contre les Rhodésiens (les Anglais de Montréal) en passant par les qualificatifs de « traîtres » et de « putains » dont il a trop souvent coiffé ses adversaires fédéralistes, les discours de Lévesque n'ont pas toujours cultivé la pondération des grands jours, tels : le soir du référendum ou à la clôture du congrès de 81. Il semble exister une curieuse attitude chez Lévesque, comme s'il tenait à corriger ses excès évidents de langage en se prouvant à lui-même qu'il est capable de sang-froid et de modération. Mais l'expérience démontre que les troupes ne suivent pas nécessairement ces états d'âme successifs. Certains préfèrent s'en tenir aux notes plus percutantes et ne se calment pas au moment de « l'adagio ».

ÉPILOGUE

Mon pays...

Voici le moment venu de donner le bon à tirer. J'ai tenu à réserver pour ce dernier jour la rédaction de l'épilogue. C'est un caprice que mon éditeur a gracieusement accepté. Je l'en remercie. Merci aussi au comité de lecture des Éditions Stanké ! Pour être anonyme, il n'en était pas moins de bon conseil.

Vous l'aurez deviné, nous venons d'ouvrir le dossier des remerciements. Les auteurs avaient l'habitude de placer ce chapitre au début de leur manuscrit. Qu'à cela ne tienne, tout doit changer au Québec. Pourquoi pas cela ? Si le chanteur Renaud, aussi aphone qu'il est Français, peut constituer la pièce de résistance de notre soirée-gala de la Saint-Jean !

En tête de ma courte liste d'honneur, je veux placer Marie, ma femme. Sa longue patience à la lecture du manuscrit m'a été d'un précieux secours, tant pour la forme que pour le fond. Tous les scribes ont de l'Indien dans le sang. Grâce à ma compagne, quelques flèches un peu pointues qui étaient sorties de mon carquois se sont retrouvées dans les objets perdus.

L'esprit de méthode chez ma fille Claire a été formé à bien meilleure école que la paternelle. Merci Claire ! Sans ton apport, j'aurais peut-être été le seul à me comprendre dans mes éphémérides.

Merci à mon vieil ami, le toujours jeune Pierre Dansereau, pour sa si belle préface !

D'autres amis ont relu des parties du manuscrit au cours des années... Je les en remercie.

Les inexactitudes, méchancetés et autres microbes qui auraient échappé à tant d'amitié et de bons conseils sont attribuables à l'auteur.

Avant de tirer ma révérence, il me reste à épiloguer.

Je le ferai à partir du spectacle pitoyable auquel je faisais allusion plus haut. Le « show » de la Saint-Jean-Baptiste 1987, relayé à la télévision canadienne le soir de la Fête, était d'une tristesse que l'on doit oublier.

Après avoir constaté que les artistes québécois ont la tripe vide depuis le référendum. Mais les artistes français ont connu le même dénuement sans que les lointaines consultations gaulliennes pussent en être responsables. Se pourrait-il tout de même que le nationalisme, que René Lévesque considérait comme le moteur obligé du progrès social, pût avoir été le souffle de beaucoup de créateurs ? Certes. Mais il y a de l'espoir. Le thème des fêtes de la Saint-Jean, tel que déterminé par les très nationalistes associations, Société Saint-Jean-Baptiste et Société nationale des Québécois, était : « Le Québec, une culture à la grandeur du monde. »

Voilà un thème prophétique. Surtout si on le rapproche de la prédiction du démographe Jacques Henripin. Dans l'un des scénarios que son collègue Louis Pelletier et lui ont élaboré, on prévoit qu'en l'an 2080 la population du Québec ne comprendrait qu'entre 12 et 15 p. 100 de descendants de Québécois d'aujourd'hui. Cette prédiction est fondée sur la double hypothèse d'un taux de fécondité (ou d'infécondité) constant et une d'immigration fixée à un niveau suffisant pour maintenir la population à sept millions d'habitants.

Je vous donne rendez-vous en 2080 pour le spectacle de la Fête nationale. Parions que les artistes québécois auront retrouvé une source d'inspiration. Et ce ne sera pas la même que dans les années 70.

D'ici là, nous continuerons à nous chamailler un peu sur le pays que chacun de nous voudrait bâtir. Il y a en effet autant de pays en puissance qu'il y a de citoyens qui pensent. Mon pays, ce n'est pas celui de Vigneault, ni celui de Trudeau, ni celui de Lévesque. Bien sûr, chacun de nous doit composer, faire des compromis, participer à des consensus, autrement, la vie en société ne serait pas possible.

Dans ce bouquin, j'ai décrit ma vision du Québec et du Canada, au fil des ans, entre les deux grandes fêtes... Comme la politique pour les Québécois a toujours été très marquée par le débat constitutionnel, je réserverai mon mot de la fin à ce triangle singulier que forment Baptiste, Québec et Ottawa.

Au moment où je rédige ces lignes, l'accord du lac Meech est en instance d'adoption dans les divers Parlements du pays. Sauf au Québec, où l'Assemblée nationale a déjà voté. La canicule a fait fondre le débat. C'est l'occasion d'inscrire au registre mon propre bilan des vingt dernières années.

Pour les besoins de la cause, la vingtaine nous ramène à 1971, à Victoria. Je soumets humblement :

1- que Robert Bourassa a eu tort, en 1971, de refuser la Charte de Victoria en alléguant le caractère vital d'une priorité législative (en matière de sécurité sociale) dont plus personne ne parle depuis ce temps-là. Comble d'ironie, on mentionnait ces dernières semaines que le Québec serait aujourd'hui bien heureux d'approuver la formule d'amendement proposée à Victoria.

2- que Pierre Trudeau aurait dû accepter de négocier le partage des pouvoirs sur la base des propositions de Regina, en 1976. Il y avait un consensus provincial, incluant le Québec... sans statut particulier !

3- qu'en 1981, René Lévesque s'est fait faire le coup de l'arroseur arrosé. C'est bien lui (avec l'aide de Claude Morin) qui avait inspiré le fameux consensus de huit provinces par lequel on espérait imposer au fédéral une clause d'amendement dont il ne voulait pas. C'est dans ce « package deal » que le Québec a sacrifié son fameux droit de veto. Lévesque a perdu sa partie de bras de fer... et nous avons eu grand-peine à retrouver notre doigt de veto !

4- que Pierre Trudeau n'a pas la larme facile et qu'il s'est résigné à laisser le Québec provisoirement isolé en 1981. À sa décharge, il faut dire qu'il n'est pas commode de négocier le redémarrage d'une fédération avec quelqu'un qui veut la détruire.

Tout cela n'intéresse que ceux qui ont une mémoire un peu précise des événements. Pour d'autres, le décor d'ambiance est plus flou. Il se présente à peu près comme ceci :

1- les gouvernements québécois, depuis Duplessis, n'ont cessé de réclamer, d'une façon ou de l'autre, un statut particulier pour le Québec.

2- le nationalisme québécois a effrayé le reste du Canada autant qu'il l'a exacerbé, jusqu'à récemment.

3- « What does Quebec want » est une question toujours opportune, car les revendications changent avec les saisons et les rédacteurs de discours !

4- les Québécois ont refusé de prendre la direction de l'indépendance en 1980.

5- beaucoup de nos concitoyens semblent prêts à prendre le risque du libre-échange avec les États-Unis. Dans un tel contexte, il faut opter pour une révision et une pratique constitutionnelles qui renforcent le Canada comme pays. Le nouveau partage des pouvoirs entre Ottawa et les provinces doit être fonctionnel, éliminer le double emploi et les pertes de temps ridicules où chacun essaie de jouer le rôle de l'autre : que ce soit le fédéral qui veut diriger l'éducation ou le gouvernement du Québec qui joue à la politique internationale comme s'il était un État souverain.

Quoi qu'en pense ou qu'en écrive Claude Morin, les Québécois n'ont pas grand-chose à gagner dans la diplomatie parallèle. Si le Canada, suite aux accords Meech-Ottawa, devient un peu plus décentralisé, il faudra accroître la conscience de la solidarité et la cohésion dans l'action des divers gouvernements.

6- Un Québec libéré de ses traditionnelles lamentations sur sa spécificité pourra devenir un leader. Dans la réalité des choses, une fédération canadienne qui tendrait à la décentralisation pourrait devenir un Canada à quatre ou à cinq.

Plus les provinces devront assumer de responsabilités importantes, meilleures seront les chances d'un regroupement des provinces, dans la région de l'Atlantique et dans l'Ouest. Et dans ce Canada, le Québec jouerait d'autant plus de tout son poids qu'il n'aurait pas toujours un pied dans la porte.

Sur ce, rendez-vous en 2080 pour le « party » de la Saint-Jean.

J.-P. L.

Saint-Sauveur-des-Monts, 14 juillet 1987.

René Lévesque participant à la première assemblée publique du
candidat libéral Jean-Paul Lefebvre dans le comté de Montréal-
Ahuntsic au printemps 1966.

Jean-Paul Lefebvre fait son premier discours, à l'arrière plan,
Me Rosaire Beaulé qui était alors le président de l'Association libé-
rale du comté provincial d'Ahuntsic, René Lévesque et madame
France Lamarche, présidente de l'Association.

n 1966. Le nouveau député d'Ahuntsic est assermenté en présence
chef du Parti libéral et chef de l'Opposition, M. Jean Lesage.

La députation libérale à l'Assemblée législative issue de l'élection
du 5 juin 1966.

Jean Lesage et Robert Bourassa étaient présents au lancement du livre *Réflexions d'un citoyen* publié par le député d'Ahuntsic, en avril 1968.

Le chef du Parti libéral du Québec en compagnie du député d'Ahuntsic, à l'occasion d'une visite dans le comté. La taverne du coin n'a pas été oubliée !

À l'été 1969, le député d'Ahuntsic est l'un des représentants du Québec à la Conférence internationale du Travail. À sa droite, Marie-Berthe, son épouse.

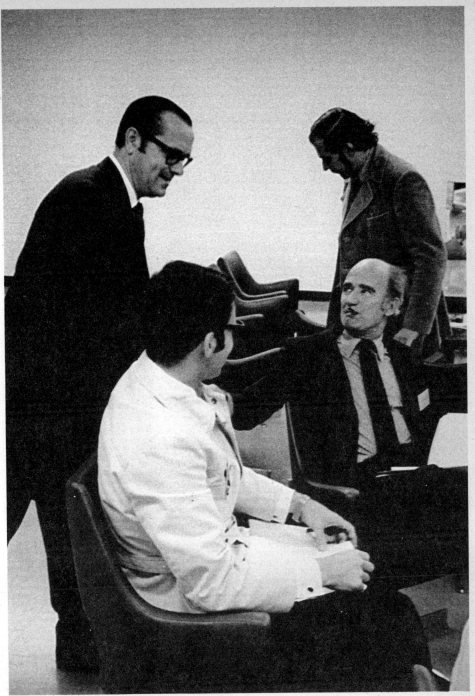

L'auteur serre la main à Gérard Pelletier, alors Secrétaire d'État
du Canada, venu participer à une session d'étude du Parti libéral
du Canada, section Québec.

L'auteur, en compagnie du premier ministre Pierre Trudeau, au 24 Sussex.

DOCUMENTS

On trouvera ci-après les trois textes auxquels il est fait référence au chapitre : L'art de persuader (à la page 47).

Texte A

Préparé au printemps 1967 par J.-P. Lefebvre et quelques collègues en vue d'une réunion du groupe de Montréal et éventuellement, du congrès du Parti libéral du Québec prévu pour octobre 1967.

Suggestions quant à la prise de position du Parti libéral du Québec sur les questions constitutionnelles (en vue du congrès d'octobre)

Amendements à la constitution du Canada

1- Modification pour définir la sécurité sociale comme matière de juridiction exclusivement provinciale,

a- entente pour que les transferts fiscaux et administratifs nécessaires soient complétés dans un délai déterminé ;

b- permission aux provinces qui le désirent de faire, soit entre elles, soit avec le gouvernement fédéral les ententes nécessaires à une délégation de pouvoirs pour l'administration de l'une ou l'autre des mesures de sécurité sociale ;

c- établissement d'un comité intergouvernemental de la sécurité sociale ayant pour fonction de coordonner les divers programmes provinciaux ;

d- possibilité pour le gouvernement du Québec d'avoir accès aux facilités de financement de la Banque du Canada.

2- Création à Ottawa d'un secrétariat permanent fédéral-provincial (au même endroit, on devrait établir aussi un mécanisme de coopération interprovinciale ayant pour objet la coordination des politiques des provinces). À titre de corollaire, modification des structures du Conseil économique du Canada pour y ajouter des représentants autorisés des provinces (choisis au sein des Conseils économiques provinciaux lorsqu'ils existent) ;

3- Transformation du Sénat canadien pour en faire une Chambre des nationalités ;

4- Établissement d'un tribunal constitutionnel ;

5- Promulgation solennelle des droits du français sur l'ensemble du territoire canadien, dans l'administration fédérale et dans les administrations provinciales ;

6- Remplacement du titre de gouverneur général par celui de président ;

7- Affirmation du droit des provinces de signer des accords internationaux dans les domaines de leur juridiction.

Constitution interne du Québec

1- Remplacement du Conseil législatif par un Sénat québécois constitué principalement de membres élus sur la base des régions économiques du Québec. Détermination de la fonction propre de cette deuxième chambre ; protection des minorités, initiative en matière de législation concernant les droits civils, etc. ;

2- Droit du premier ministre du Québec de choisir ses ministres, soit au sein de l'Assemblée législative, soit au sein du Sénat ;

3- Aucun projet de loi ne serait soumis à l'Assemblée législative sans d'abord avoir été discuté au sein d'un comité de la Législature ;

4- Remplacement du titre de lieutenant-gouverneur par celui de président.

Textes B et C

Le premier, publié dans la colonne de gauche, est le texte de la proposition émise par René Lévesque le 15 septembre 1967 en prévision du Congrès du Parti libéral d'octobre de la même année. Le deuxième texte a été publié dans le manifeste du mouvement Souveraineté-Association le 20 mai 1968. Les deux textes sont publiés en parallèle pour en faciliter la comparaison.

« Primo vivere

Presque toutes les étapes essentielles que nous devons accomplir risquent d'être compromises, bloquées ou effilochées par la sclérose des

« Le minimum vital

D'abord, il nous est vital d'assurer une bonne fois, conformément aux exigences complexes et pressantes de notre époque, la sécurité de structures canadiennes et la résistance ouverte ou camouflée des hommes qui en tiennent les leviers.

D'abord, il nous est vital d'assurer une bonne fois, conformément aux exigences complexes et pressantes de notre époque, la sécurité de notre « personnalité » collective. C'est là le trait distinctif de la nation, de cette majorité que nous formons dans le Québec — seule vraie patrie que nous aient laissée les événements et nos possibilités aussi bien que l'incompréhension et la fréquente hostilité d'autrui.

Ceci exige entre autres le pouvoir d'agir sans entraves — ce qui ne veut pas dire sans coopération — dans des domaines aussi variés que la citoyenneté, l'immigration et la main-d'œuvre ; les grands outils de la « culture des masses » (cinéma, radio et télévision) ; et ces relations internationales qui seules permettent aux peuples de s« 'aérer », de se stimuler et de se dépasser comme il faut, et que ne saurait particulièrement se refuser un groupe qui a dans le monde des parentés aussi précises et importantes que les nôtres.

Cette sécurité collective, elle exige également qu'on règle diverses questions que le présent régime rend toutes

notre « personnalité » collective.

Ceci exige entre autres le pouvoir d'agir sans entraves — ce qui ne veut pas dire sans coopération — dans des domaines aussi variés que la citoyenneté, l'immigration et la main-d'œuvre ; les grands outils de la « culture des masses » (cinéma, radio et télévision) ; et ces relations internationales qui seules permettent aux peuples de s'aérer, de se stimuler et de se dépasser comme il faut, et que ne saurait particulièrement se refuser un groupe qui a dans le monde des parentés aussi précises et importantes que les nôtres.

Cette personnalité collective qu'est une nation ne peut endurer non plus que les politiques sociales — qui l'affectent quotidiennement jusque dans ses moindres replis — soient conçues et régies en dehors d'elle-même.

Du même coup, et davantage encore, cela répond aux impératifs les plus clairs de l'efficacité et de la responsabilité administratives. Il y a dans tout ce vaste domaine, des chevauchements de législations, de règlements, d'organismes dont l'effet principal est d'entretenir la confusion et, derrière ce paravent, une tentation permanente d'immobilisme.

plus ardues les unes que les autres. Ne citons, à titre d'exemples, que l'intégrité du territoire québécois, les droits sous-marins, l'inacceptabilité évidente d'une institution comme la Cour suprême, le besoin qu'a le Québec de pouvoir orienter librement ce qu'on appelle sa constitution interne.

Cette personnalité collective qu'est une nation ne peut endurer non plus que les politiques sociales — qui l'affectent quotidiennement jusque dans ses moindres replis — soient conçues et régies en dehors d'elle-même. Ce qui rejoint la demande maintes fois répétée du rapatriement des pensions de vieillesse, des allocations familiales et, dès son entrée en vigueur, de l'assurance-santé.

Du même coup, et davantage encore, cela répond aux impératifs les plus clairs de l'efficacité et de la responsabilité administratives. Il y a dans tout ce vaste domaine des chevauchements de législations, de règlements, d'organismes dont l'effet principal est d'entretenir la confusion et, derrière ce paravent, une tentation permanente d'immobilisme. »

Dans la remise à jour de structures politiques parfaitement débordées par ce rôle économique qu'elles ne peuvent pourtant esquiver, l'État québécois se doit d'exiger à tout le moins, spécifiquement, des compétences nouvelles en ce qui concerne, entre autres, les sociétés industrielles et commerciales, les institutions d'épargne et de fiducie, tous les instruments internes de développement et d'industrialisation, ainsi que le pouvoir de régir convenablement le mouvement et l'investissement de nos propres capitaux.

Et nous ne parlons que pour mémoire, tant il va de soi, du transfert massif de ressources fiscales que commandent toutes ces tâches auxquelles notre État a le devoir de s'atteler en notre nom — sans compter toutes les autres qui sont déjà sa responsabilité chaque jour plus disproportionnée à ses moyens insuffisants.

Voilà ce qui est vraiment pour nous un minimum. »

APPENDICE 2

Texte intégral de la lettre adressée au journal *Le Devoir* par Jean-Paul Lefebvre, le député d'Ahuntsic et publiée par ce journal le 26 juillet 1969. (Il est fait référence à cette lettre à la page 122).

« Le libéral style 1970 : NON à M. Wagner

La terrible efficacité des communications de masse transforme la lutte pour le pouvoir, notamment à l'intérieur des partis politiques, en un vaste concours de popularité. Dans ce contexte, chacun doit faire son petit effort pour que le « concours » ne soit pas trop superficiel.

Les libéraux du Québec devront bientôt se prononcer sur le leadership de Jean Lesage. Leur réflexion actuelle, en vue du vote du 31 octobre, ne saurait faire abstraction des ambitions et de la « disponibilité » clairement exprimées du député de Verdun, Claude Wagner.

Nous savons tous que la décision qui sera prise par les libéraux ne sera pas strictement une affaire de famille. En effet, l'opinion publique influera sur les délégués et ceux-ci chercheront, tout naturellement, à faire un choix qui plaira... mais pas à tous, car la chose est impossible. De quelle majorité les libéraux veulent-ils obtenir le pouvoir ? Voilà, à mon avis, la principale question à se poser.

Puisque, selon toute vraisemblance, nous n'aurons pas d'élections générales cet automne, les libéraux du Québec ont un répit de quelques mois pour renforcer, non seulement leur image, mais leur substance même. L'épine dorsale d'un parti politique se trouve dans les hommes et les femmes qui le composent et principalement dans l'équipe qui brigue les suffrages populaires.

En mai dernier alors que, comme beaucoup d'observateurs, je prévoyais des élections cet automne, j'avais tenté d'analyser pour le bénéfice de mes électeurs d'Ahuntsic, les choix qui s'offraient à eux. À propos de mon parti, le Parti libéral du Québec, j'écrivais alors :

« L'équipe libérale qui sera soumise au jugement souverain du peuple, lors de la prochaine campagne électorale, ne sera pas seulement celle qui a représenté le parti en Chambre au cours des dernières années mais une équipe qui sera complétée par de nouvelles candidatures. À ce propos, et avant que les jeux ne soient faits, le défi que les libéraux du Québec doivent relever est de présenter à l'électorat la liste de candidats la plus représentative, la plus dynamique et la plus progressive que le Québec ait connue. Noblesse oblige. Chacun de nous doit faire un effort, pour que les jeunes et les femmes aient, au sein de cette nouvelle équipe, la place qui leur revient. Il nous faut aussi chercher à varier l'origine sociale et professionnelle de nos candidats. Travailleurs sociaux, syndicalistes agricoles et ouvriers, spécialistes des sciences de l'homme, autant de groupes professionnels qui sont actuellement sous-représentés à l'Assemblée nationale. Il en est de même, quant à notre parti, pour le vaste secteur de l'éducation, des jeunes et des adultes. Le Parti libéral du Québec constitue le milieu naturel des nouvelles recrues dont la politique québécoise a besoin. »

Je voudrais aujourd'hui, puisque le parti au pouvoir a choisi de maintenir encore quelque temps en place sa stérile impuissance, plutôt que de risquer une élection générale, apporter quelques précisions sur le sens et la portée de ce souhait.

Pour en arriver à décrire notre libéral, style 1970, nous prendrons un peu de recul.

L'équilibre social

Quand on observe de près les membres d'une communauté humaine, sur quelque continent qu'elle habite, on est amené à distinguer 5 catégories principales :

1) On rencontre d'abord des hommes et des femmes que l'on pourrait qualifier d'immuables. Ils sont stables au sens où le rocher de Gilbratar est stable. Toute leur vie ils conservent les mêmes qualités et les mêmes défauts, les mêmes préjugés ou les mêmes naïvetés. Ils sont pratiquement imperméables aux influences de leur milieu.

2) En contraste avec cette première catégorie se trouve le type « caméléon ». Ces hommes et ces femmes prennent la couleur de leur entourage. Les sociologues nous diraient dans leur jargon qu'ils sont les esclaves de la pression sociale. Chez eux on ne retrouve aucune continuité. S'ils ont des idées généreuses, celles-ci ne sont pas intégrées mais changent plutôt au gré des circonstances. Ils ont des idées mais ils n'ont pas de pensée.

3) Une troisième catégorie d'hommes nous apparaît comme des évolutionnistes. Ils sont influencés par leur milieu sans s'aliéner en lui ni se laisser détruire par lui. Ils observent les êtres et les choses qui les entourent et tentent de corriger leur pensée, de la rectifier selon les données qu'ils en tirent. On pourrait trouver des exemples de ce type d'hommes dans le domaine politique, ou dans les affaires, mais le modèle le plus éclatant est sans doute l'ancien archevêque de Montréal, le cardinal Léger. Je ne crois pas qu'il soit irrévérencieux de rappeler ici que nous avons connu à Montréal deux archevêques du même nom. En fait, il s'agissait bien du même homme mais les deux étapes de sa carrière ont été si différentes l'une de l'autre que tous les observateurs en ont été frappés. Un lien de continuité existait pourtant entre ces deux étapes, les objectifs étaient les mêmes mais l'homme, en dépit de la haute autorité de sa fonction et du caractère indéniablement peu démocratique de l'Église, s'était rendu perméable aux désirs, aux besoins de ses fidèles et aux réalités de son milieu.

4) Certains hommes semblent être nés trop tôt, ils s'adaptent difficilement à leur milieu car ils sont toujours en avance sur lui. Qu'ils soient frustrés ou heureux tient à la façon dont ils acceptent de jouer leur rôle de « moteur » social dans une société qui n'évolue pas assez vite à leur gré. Du point de vue politique, ce qu'il importe de souligner, c'est que les hommes heureux sont plus efficaces que les frustrés car la frustration mène au mépris.

5) Une cinquième catégorie d'hommes se classe sous le terme générique de révolutionnaires. Ce sont des partisans du refus global. Ils rêvent de faire table rase et de rebâtir une société entièrement nouvelle.

Comme la société est faite de tels hommes, on retrouve ces cinq tendances générales en perpétuel état de conflit à l'intérieur de la collectivité. Selon qu'une tendance ou l'autre prend le dessus sur ses concurrentes, on constate alors que la société se trouve dans un état de stagnation, de progrès ou d'aventure.

L'équipe libérale

Dans l'équipe que j'aimerais voir réunie sous l'étiquette libérale pour solliciter la confiance des électeurs dans nos 108 comtés, je souhaiterais pour ma part que les réformistes forment le plus gros contingent. C'est ainsi que le Parti libéral du Québec serait fidèle à lui-même et répondrait le mieux aux aspirations de la majorité de la population. Pour les pragmatiques, j'ajouterai que c'est à mon avis de cette façon seulement que l'on pourra obtenir un gouvernement qui soit sainement majoritaire, à l'issue des prochaines élections générales.

En 1970, comment le progressiste devra-t-il se manifester dans un Parti libéral québécois ? Il nous faudra : être Canadien sans complexe, être férocement Québécois et authentiquement libéral.

Revoyons ces trois caractéristiques en commençant par la dernière, qui est fondamentale.

Être libéral, en 1970, cela veut tout d'abord dire être préoccupé de justice sociale plus encore que d'ordre. Cela veut dire aussi qu'il faut savoir assumer les risques du progrès. Dans le domaine économique, il faut accepter sans tartuferie l'ère des géants industriels à base multinationale. Il faut stimuler la recherche et l'innovation et vouloir se situer sur les marchés du monde plutôt que de recourir aux habitudes protectionnistes qui caractérisent les faibles et les paresseux.

Être libéral, en 1970, cela signifie que l'on place la personne humaine au centre de toutes les politiques mais aussi que l'on rejette la niaise démagogie de ceux qui voudraient nous faire croire que les valeurs culturelles et spirituelles ne sont pas intimement liées au progrès économique. Être libéral c'est certes empêcher le fort d'écraser le faible mais c'est surtout, en 1970, faire admettre que le progrès de tous interdit les luttes stériles entre les divers partenaires sociaux. Le progrès requiert plutôt des compromis qui soient conformes à la justice et la recherche de l'intérêt commun au-delà des intérêts spécifiques des divers groupes.

Férocement Québécois

Si j'emploie un qualificatif aussi fort c'est, d'une part, pour tenir compte de la volonté populaire des Québécois qui exigent la manifestation d'une réalité proprement québécoise. C'est, d'autre part, en raison des retards accumulés au Québec par rapport à nos voisins de l'Ontario et au contexte nord-américain, retards que l'on peut attribuer tout autant à notre longue torpeur qu'à un certain nombre de circonstances défavorables, géographiques et autres qui n'étaient pas sous notre contrôle.

Ajoutons que l'on peut être férocement Québécois sans être ni xénophobe, ni raciste, ni même envieux.

Canadien sans complexe

Je répugne, pour ma part, à la longue hypocrisie de l'Union nationale en matière de fédéralisme. La blague du « parti exclusivement québécois » qui a toujours voulu donner du gouvernement fédéral l'image d'un ennemi héréditaire alors que sous Johnson comme sous Duplessis, sous Bertrand comme sous Johnson, la machine de l'Union nationale a travaillé et travaillera encore à fond pour les conservateurs, qu'ils soient de Diefenbaker, de Drew ou de Stanfield, cette blague a trop duré. Il en est de même du chantage au séparatisme utilisé à des fins bassement électorales.

Fort heureusement, le Parti libéral du Québec a dissipé toute équivoque sous ce rapport et il importe de maintenir la clarté de nos positions en matière constitutionnelle. Dans le régime fédéral, il est élémentaire d'admettre que ni le gouvernement du Québec ni celui d'Ottawa ne représentent intégralement la souveraineté des Québécois. Il est normal et sans doute inévitable qu'à certains moments des conflits d'intérêt ou de principe surviennent entre les deux niveaux de gouvernement. L'arbitre ultime de tels conflits c'est certainement le peuple souverain. C'est cependant mal servir les intérêts et les désirs de ce peuple que de brandir la menace de sécession à la moindre divergence de vues, qu'il s'agisse du Gabon ou du parc Forillon.

Conclusion

En juin 1966, le Parti libéral du Québec a présenté à la population la meilleure équipe qui se fût jamais offerte devant l'électorat québécois. Pour des raisons qu'il n'est plus temps d'analyser maintenant, le support populaire, bien qu'il fût de 47 p. 100 des voix, n'a pas été suffisant pour porter cette équipe au pouvoir. Par la suite, les divergences de vues et d'autres motifs devaient entraîner des départs importants. Il faut maintenant relever le défi de faire mieux en 1970 que nous avions fait en 1966. Pour pallier le désespoir de beaucoup de Québécois, à l'évasion de plusieurs autres, pour redonner à la majorité de nos concitoyens la confiance en eux-mêmes, en notre collectivité et fournir à l'économie du Québec l'impulsion dont elle a grand besoin, il nous faut un gouvernement d'hommes imaginatifs, audacieux, bien préparés et capables de nous tenir à égale distance de la stagnation et de l'aventure. C'est la meilleure, peut-être la seule route vers le progrès.

Jean Lesage est-il l'homme de la situation, en 1970 ? Chose certaine, les services signalés qu'il a déjà rendus à la population du Québec lui donnent droit à un jugement objectif et circonstancié. Quant à Claude Wagner, il me semble clair, qu'en dépit de sa popularité personnelle, il ne saurait être le leader libéral, c'est-à-dire dynamique, ouvert et l'homme d'équipe dont nous avons un si grand besoin. »

APPENDICE 3

Texte intégral de la déclaration du 27 août 1969 de Jean-Paul Lefebvre, député d'Ahuntsic, suivi de la résolution d'appui de l'Association libérale du comté.

« À la recherche d'un chef pour les années 70

L'enquête menée par le *Telegram* et *Le Devoir* a démontré que les Québécois cherchent « un chef ». À vrai dire, ce ne fut pas une surprise. Même un martien comprendrait que la société québécoise veuille sortir de la pagaille actuelle. La colère des uns, le désœuvrement des autres sont perçus, avec raison, par beaucoup de Québécois, comme une porte ouverte sur le chaos, l'aventure, le fascisme ou quelque autre calamité des époques « historiques ». On sent, en effet, que la décennie 1970-1980 ne sera pas sans histoire. Dans la jeunesse, dans les couches populaires, surtout peut-être chez les collets blancs, une véritable révolution est en cours. Malheureusement, il n'y a personne à la tête de l'État pour canaliser cette énergie en proposant aux Québécois des objectifs économiques, sociaux, culturels et politiques valables.

Le chef que les Québécois désirent ne doit pas être du style 1930. Ce n'est ni d'un chef de police ni d'un père spirituel dont nous avons besoin. Il nous faut un animateur, capable de recruter une équipe dynamique, talentueuse et résolue à ne plus empêcher l'avènement d'un nouveau « contrat social » entre des forces qui se neutralisent présentement. Il faut, à ce leader, assez d'ingéniosité, de dynamisme, de leadership pour catalyser les énergies actuellement perdues en fonction du progrès collectif.

Je ne crois pas que Jean Lesage puisse répéter le tour de force que son gouvernement a réalisé de 60 à 66. Les amis libéraux de mon comté et beaucoup de citoyens, d'Ahuntsic et de diverses régions du Québec, que j'ai consultés, ne le croient pas non plus. Dans les circonstances, un congrès pour le choix d'un leader devient une nécessité. La constitution actuelle du parti laisse toutefois à monsieur Lesage l'initiative de la décision en cette matière. Il serait tout à son honneur de reconnaître froidement la situation et d'agir en conséquence. Cependant, si monsieur Lesage s'en tient à la formule du vote de confiance lors du congrès d'octobre, je devrai, à regret, voter « non ». Il me faut préciser les fondements de cette décision, en ce qui me concerne personnellement.

Rappelons, tout d'abord, que le jugement à porter sur un homme politique doit nécessairement l'être en fonction d'un contexte donné. Au fond, il ne s'agit pas de faire, dans l'abstrait, le bilan de ses qualités et de ses faiblesses mais de le juger en fonction des exigences de la tâche à un moment donné de l'histoire d'une société.

Or la situation actuelle du Québec exige du premier ministre trois qualités essentielles : le dynamisme, l'ouverture d'esprit, mais d'abord et avant tout, l'expérience et le sens du travail d'équipe.

1- Le travail d'équipe

L'équipe gouvernementale qui a agi comme catalyseur de la révolution tranquille n'était pas très homogène. Comme chacun a pu l'observer, certains éléments étaient plus dynamiques que d'autres. Tous les observateurs politiques ont cependant loué le rôle d'arbitre joué par le premier ministre d'alors, entre les différentes tendances qui coexistaient à l'intérieur du gouvernement. Si ce n'est point monsieur Lesage qui a initié les grandes réformes entreprises sous son gouvernement, il a eu le mérite indiscutable d'accepter ces réformes, d'en comprendre la portée et de savoir les défendre, à l'occasion, auprès du public. Quant aux éléments les plus dynamiques du cabinet, ils étaient encouragés par les éléments progressistes du parti et, de l'extérieur, par les médias d'information, par les groupes de pression et par beaucoup de Québécois désireux de sortir définitivement de l'époque de la grande noirceur duplessiste. Ce diagnostic, tout sommaire qu'il soit, me semble conforme à la vérité et chacun y trouve sa part de « mérite ».

Ce que nous avons vécu de 60 à 66 n'est peut-être pas, à vrai dire, une révolution mais c'est certainement un déblocage. En éducation, dans le domaine du développement économique et de l'administration publique, pour ne mentionner que les trois principaux secteurs, des actions importantes furent entreprises qui tranchaient singulièrement sur le traditionalisme encrassé auquel nous avions été habitués.

Il ne saurait pourtant s'agir de répéter, en 1970-74, l'expérience de 60-66. « Le monde et les temps changent. » L'action doit maintenant être beaucoup plus sélective et c'est pourquoi l'une des exigences de l'efficacité sera, désormais, une plus grande homogénéité au sein de l'équipe dirigeante. Le premier ministre de 1970 ne devra plus être un arbitre entre les membres du cabinet mais un leader, un chef d'équipe. Cette équipe ne saurait être, bien entendu, une chapelle non plus qu'une société d'admiration mutuelle, mais elle devra forcément être plus homogène que celle de 60-66 si l'on veut atteindre à une certaine efficacité.

2- *L'ouverture d'esprit*

Le leader politique qui sera appelé à diriger le gouvernement du Québec à la suite des prochaines élections générales devrait avoir une profonde connaissance des divers courants de pensée qui se sont fait jour au Québec au cours des dernières années. Il ne saurait s'agir pour lui de chercher à plaire à tout le monde, ceci mène tout droit à la médiocrité et à l'immobilisme, comme on en a eu la preuve avec le trio Johnson-Bertrand-Cardinal. Il devra cependant trouver les bases d'un nouveau contrat social, susceptible de rétablir, au sein d'une majorité de Québécois, un consensus favorable à l'action et au progrès. C'est ici que le premier ministre de demain devra jouer le rôle d'arbitre, et non pas auprès de ses proches collaborateurs.

Jean Lesage, en dépit de sa vive intelligence et de l'expérience considérable qu'il a accumulée dans l'administration et la vie publiques, est l'homme d'UN milieu. Il a été profondément marqué de la mentalité d'une certaine bourgeoisie régionale. Or, si ce milieu est l'une des composantes de la société québécoise et a, en tant que tel, le même droit au chapitre que les autres, il ne saurait, à lui seul, incarner la conscience collective du Québec d'aujourd'hui.

Le prochain chef du Parti libéral du Québec devrait avoir des antennes, sinon des racines, dans tous les milieux sociaux et une vaste connaissance de toutes les facettes de l'âme québécoise.

3- Dynamisme

Quand les choses ne tournent pas rond, que ce soit dans une famille, dans un village ou dans une province, on cherche un bouc émissaire. Les trois plus en vogue actuellement au Québec sont : l'establishment anglais, la confédération et le régime parlementaire. Certes, ces trois vénérables institutions ne sont pas sans défauts. Toutes les trois ont pu compliquer le cheminement de la collectivité canadienne-française du Québec vers son épanouissement. Pourtant, nos plus gros problèmes se nomment : chômage, formation profession-nelle des adultes, parachèvement de la réforme scolaire et universitaire, recherche industrielle, développement urbain, faiblesse de la langue française, etc. Ce serait une terrible méprise d'attendre la disparition des Anglais, la déconfiture de la confédération ou le remplacement du premier ministre par un président, pour nous attaquer de plein fouet aux problèmes terriblement concrets qui nous angoissent et nous tenaillent. Dès maintenant, et sans plus attendre, nous avons les moyens de nous épanouir, en dépit de l'establishment canadien-anglais, de rendre notre fédéralisme plus fonction-nel et notre parlement plus efficace. N'allons pas investir toutes nos énergies dans des réformes de structure et risquer ainsi une nouvelle évasion.

Conclusion

Ce n'est point sans effort que l'on expose publiquement son point de vue sur une question aussi délicate que celle du leadership du parti politique où l'on a choisi de militer. Plusieurs mois de réflexion et de nombreuses consultations m'ont toutefois convaincu qu'il fallait agir. Puisque le chef du parti a jugé opportun de réclamer un vote de confiance, cela exige des militants, parlementaires et autres, une discus-sion ouverte. Un vote de cette importance suppose néces-sairement un débat qui lui, ne saurait plus être secret, comme c'est le cas pour les délibérations du caucus.

Chacun conviendra que la politique active n'est pas une vie facile, ni pour le capitaine du navire, ni pour les matelots dont le sort et le travail dépendent largement du capitaine. On admettra, je crois, qu'un matelot, même s'il n'a pas l'intention de remplacer le capitaine, se préoccupe de savoir si son embarcation navigue en direction du port.

À l'approche de l'automne 1969, plusieurs Québécois de grand talent et possédant une vaste expérience n'attendent qu'un renouvellement à la direction du Parti libéral pour joindre les rangs. La personnalité du capitaine déterminera la formation de l'équipage. »

Texte de la résolution adoptée par l'équipe dirigeante de l'Association libérale du comté provincial d'Ahuntsic :

« Considérant le rôle de premier plan joué par le gouvernement libéral dans le réveil du Québec, de 1960 à 1966 ;

Considérant les espoirs que la population met encore dans notre parti pour redonner au Québec un gouvernement dynamique et efficace ;

Considérant qu'il y a lieu de fournir aux militants libéraux la possibilité d'un véritable choix quant au style de leadership qu'exige le contexte social et économique de 1969-70 ;

Considérant que les organisateurs libéraux du comté d'Ahuntsic et les membres du Comité de régie de notre Association, lors de leur réunion du 11 août 1969, ont jugé qu'un congrès de leadership devait être convoqué ;

Conscients de nous faire l'interprète de la volonté d'un très grand nombre de militants de notre comté ;

Nous, membres du Comité exécutif et de la Commission politique de l'Association libérale du comté provincial d'Ahuntsic,

1- demandons au chef actuel du parti, monsieur Jean Lesage, de décréter dans les plus brefs délais la tenue d'un congrès de leadership,

2- recommandons aux membres de notre Association d'appuyer formellement cette requête à l'occasion de l'assemblée générale qui sera tenue le 15 septembre prochain,

3- recommandons au caucus des députés libéraux et au Conseil supérieur du parti de définir comme prioritaires les deux objectifs suivants :

a) combattre le gouvernement-mollusque de messieurs Bertrand et Cardinal par une opposition plus vigoureuse que jamais à l'Assemblée nationale,

b) préparer la tenue d'un véritable congrès de leadership.

Ces priorités impliquent que notre parti se tient à l'écart des élections partielles du 8 octobre prochain ;

4- convenons que la présente résolution soit communiquée dès maintenant à monsieur Lesage et que la teneur en soit communiquée aux médias d'information. »

APPENDICE 4

Déclaration de Jean Marchand (26 septembre 1969)

« Comme on me presse d'annoncer si oui ou non je serai candidat à la direction du Parti libéral provincial en janvier prochain, je crois le temps venu de communiquer aux militants libéraux et au public ma décision à ce sujet.

Cette décision est négative

Nous venons d'entreprendre, au ministère que je dirige, un travail urgent et d'une extrême importance. Relever l'économie des régions à faible croissance est une tâche de première grandeur et je souligne en passant que le Québec sera l'un des principaux bénéficiaires de notre politique dans ce domaine. Tout bien pesé, je crois qu'il ne serait ni sage ni opportun de quitter mon poste actuel au moment où cette entreprise commence à peine de prendre forme.

J'ai toujours cru que dans les options d'un homme politique, le souci d'œuvrer là où il peut être le plus utile doit dominer toute autre considération. Le fait que je n'ai jamais eu l'ambition personnelle de diriger le Parti libéral du Québec, non plus d'ailleurs que celui du Canada, me permet, je crois, de voir objectivement la situation. Dans un pays à juridiction partagée, il est essentiel que les citoyens soient efficacement représentés à tous les niveaux : municipal, provincial et fédéral. Certains ont cru que je pourrais mieux servir dans l'arène provinciale au cours des années qui viennent. À leur invitation, dont je veux ici les remercier, j'ai accepté d'envisager cette possibilité mais les avis que j'ai recueillis, comme d'ailleurs ma propre réflexion, me portent à conclure que ma place est encore au fédéral, du moins pour le moment.

En terminant, on me permettra de déplorer certaines déclarations auxquelles a donné lieu, il y a quelques semaines, l'évocation de ma candidature possible. Certains en ont repoussé l'idée pour la seule et unique raison que je venais du « fédéral » et que le parti provincial ne devait pas « recourir à des étrangers ou à des gens d'Ottawa ».

Me traiter d'étranger au Québec est aussi bête que ridicule. De plus, je ne vois pas comment le simple fait d'avoir accepté un mandat dans une juridiction rende quelqu'un suspect dans toutes les autres, à moins que l'on veuille mettre en doute le système fédéral lui-même. L'affirmation est d'ailleurs une insulte aux deux derniers leaders du parti libéral provincial, MM. Lapalme et Lesage, qui tous deux avaient fait à Ottawa leurs premières armes.

On peut évidemment n'être pas d'accord avec les politiques du gouvernement fédéral ou diverger d'opinion sur la forme exacte de fédéralisme que décrit notre constitution. Mais il faut qu'on cesse de jouer sur les deux plans : être fédéraliste contre René Lévesque et séparatiste contre Pierre Trudeau.

Je crois que les citoyens en ont plein le dos de ce double jeu, de cette hypocrisie politique. Le parti libéral provincial n'a pas d'avenir s'il ne prend pas une attitude franche et nette à ce sujet.

Qu'il laisse l'ambivalence à d'autres formations qui ont érigé l'opportunisme en premier principe. Qu'il offre au Québec une option claire qui ne peut être que pro-canadienne dans le respect des droits de la province. C'est ainsi qu'il reprendra le pouvoir avec l'appui enthousiaste de la grande majorité des Québécois. »

APPENDICE 5

Pour un fédéralisme fonctionnel

(Mémoire soumis par le Conseil exécutif du P.L.C. (Q.) au comité mixte sur la constitution du Canada — le 1er juin 1971)

1- *Pourquoi nous nous sentons impliqués dans ce débat*

Nous estimons que le plus grand nombre possible d'associations regroupant des Canadiens doivent faire valoir leur point de vue, à commencer par les partis politiques. Ceux-ci, par leur permanence et la continuité de leur action, doivent être considérés comme des moyens idéaux de discussion et de communication politiques en dehors du Parlement et dans l'intervalle des consultations électorales. Le rôle des partis politiques ne se restreint pas en effet à polariser les opinions, encore moins à les cristalliser, surtout sur une question d'un intérêt aussi majeur. Les partis politiques exercent, ou devraient exercer, un rôle de médiateur entre les citoyens et les autorités publiques. Ils ne sont pas qu'un média de communication politique de haut en bas ; ils peuvent, dans la mesure de leur démocratisation réelle, servir de communication de bas en haut.

Notre affiliation au Parti libéral du Canada, qui est actuellement le parti gouvernemental, loin de nous interdire de déposer devant votre Comité, nous en fait plutôt, en tant que canal de communication privilégié, un triple devoir :

a) au nom du principe fédéraliste auquel nous adhérons ;

b) au nom de notre libéralisme même, d'origine et de doctrine ;

c) au nom des Québécois, militants ou non de notre parti, qui croient aux idées que nous préconisons et s'attendent à bon droit que nous fassions entendre notre voix dans le débat décisif actuel.

À ce devoir justifiant notre démarche s'ajoute un sentiment d'urgence, en prévision de la prochaine conférence constitutionnelle et à un moment où des attitudes pessimistes, refusant la libre discussion, tentent de figer à des positions extrêmes le débat politique portant sur les questions constitutionnelles.

Nous voulons, dans un esprit de construction positive, éviter de départager les responsabilités passées ou nous livrer à des considérations polémiques susceptibles d'envenimer le débat. Conscients du fait qu'il ne faut pas plus exagérer qu'amenuiser les défauts et carences de l'actuelle constitution, nous voulons être la voix de l'organisme politique dont la représentativité québécoise est le plus large au plan fédéral.

UN POINT DE DÉPART

Nous avons choisi de ne pas donner à ce mémoire un contenu très technique mais d'indiquer plutôt les grandes orientations que nous souhaiterions voir se réaliser dans l'évolution, forcément lente et laborieuse, de la réforme constitutionnelle.

Nous concevons cette première intervention de notre part dans le débat constitutionnel comme un point de départ. Beaucoup de nos militants ont suivi avec intérêt les diverses prises de position en rapport avec la refonte constitutionnelle. Le présent mémoire pourra constituer pour eux une orientation utile au prolongement de leurs réflexions, soit personnelles, soit collectives, dans le cadre de nos associations de comté ou de nos conseils régionaux.

Si nous avons la conviction profonde de bien représenter les choix fondamentaux des militants de notre parti et de beaucoup d'autres Québécois, nous sommes loin d'avoir la prétention de régler, d'un seul coup, le problème constitutionnel. Nous ne croyons pas aux solutions miracles mais bien plutôt à la permanence de l'évolution et à la possibilité d'un progrès constant.

2- Les progrès déjà réalisés en matière de réforme constitutionnelle

Les citoyens du Canada vivent au sein d'un régime fédéral depuis plus de cent ans. Le P.L.C. (Q.) demeure convaincu que le système politique connu sous le nom de fédéralisme demeure la forme politique de l'avenir pour le Canada.

Il est important de souligner que plusieurs peuples ont choisi de vivre sous un système fédératif. Le Canada, la Suisse, les États-Unis, l'U.R.S.S., l'Australie, la République fédérale allemande en sont des exemples frappants. Plus d'un milliard trois cent dix millions de personnes vivent présentement en régime fédéral, soit plus du tiers de l'humanité.

Un grand nombre de ces États fédéraux ne sont pas unilingues. L'expérience démontre que divers groupes linguistiques peuvent vivre en harmonie au sein d'une fédération.

Le système fédéral résulte d'une transaction entre divers éléments d'une société ; il aboutit, en fait, à un contrat social. La constitution d'un État fédéral est l'expression juridique et politique de la solidarité réelle qui existe entre les éléments constituant la fédération.

Dans le monde d'aujourd'hui, le fédéralisme, en tant qu'expression de la fraternité et de la solidarité humaine, s'exprime de diverses façons, souvent au-delà de la constitution proprement dite des États. Ainsi, le Marché commun européen est un produit authentique de l'esprit du fédéralisme.

LE FÉDÉRALISME ET LES CANADIENS FRANÇAIS

Traiter de réforme constitutionnelle, c'est rendre un témoignage éloquent à une constitution qui, somme toute, a assez bien servi les Canadiens depuis 1867. Si le texte de l'A.A.N.B. est aujourd'hui dépassé, il faut pourtant admettre que notre constitution a favorisé le développement d'un climat politico-social propice à la discussion et à la réforme. Si, à certains moments, la part des Canadiens de langue française a pu être mise en doute, l'histoire soulignera le rôle prépondérant qu'ils jouent à l'heure actuelle dans la fédération et qu'ils sont appelés à continuer à remplir.

Il en est de même au plan de la communauté linguistique francophone. Nous assistons à l'établissement d'assises de plus en plus solides, garantissant non seulement la survivance du Canada français mais son épanouissement progressif.

Regardons les faits. Le Canada français s'est doté d'une littérature riche et originale. Les réussites de nos artistes, de nos cinéastes, nos succès en médecine, en génie civil, et plus récemment dans le domaine des affaires, sont d'envergure. Nous pourrions mentionner également les succès de notre radio et de notre télévision d'État (française) dont l'influence profonde se fait sentir sur la société canadienne-française.

Nous ne voulons pas pour autant attribuer au fédéralisme canadien tout le mérite de ces réussites. Il nous semble par ailleurs raisonnable de croire que ce que les Canadiens français ont réalisé, ils ne l'ont pas réalisé en dépit du fédéralisme.

Le système constitutionnel, surtout si l'on songe aux initiatives des dernières décennies, a été favorable à l'épanouissement de la collectivité francophone.

Le P.L.C. (Q.) n'est pas pour autant en faveur du statu quo. Décrire la constitution en termes d'un document historique, c'est mettre de côté toute une dimension, peut-être la plus importante.

Une constitution doit demeurer un instrument flexible, un organisme qui sait s'adapter. La constitution du Canada a beaucoup évolué depuis 1867, voire même depuis les cinq dernières années. Alors qu'une propagande véhémente s'acharne à dénoncer une centralisation prétendument croissante, la réalité est tout autre (exemple : la croissance relative de la part des dépenses publiques effectuées par les provinces en dit plus long à ce sujet que des pages d'argumentation). C'est donc l'optique dynamique qui doit être retenue. Dans cette perspective, le P.L.C. (Q.) préconise une accélération de cette évolution constitutionnelle. Il ne s'agit pas de rejeter complètement un système qui reçoit l'appui de l'immense majorité de la population. Il s'agit plutôt d'identifier les secteurs où un progrès réel devrait être accompli afin de dégager un consensus encore plus complet au sein de la population.

Le processus de réforme constitutionnelle débutait avec la Conférence constitutionnelle tenue à Ottawa au mois de février 1968. Depuis ce temps, des progrès substantiels ont été marqués. Les discussions se poursuivent sur d'autres sujets. Au chapitre des progrès, citons les ententes sur les disparités régionales, l'indication par le gouvernement central qu'il accepterait des limites au pouvoir de dépenser, les progrès en matière de langues, l'accès à tous les champs de taxation par les provinces.

Ces progrès nous indiquent que la voie à suivre en matière de réforme constitutionnelle est la réforme partielle plutôt que globale. En procédant par étapes, lorsqu'un consensus se développe sur un sujet déterminé, nous pourrons marquer des progrès réels.

LES RÉSULTATS DE LA CONFÉRENCE CONSTITUTIONNELLE DES 8 ET 9 FÉVRIER 1971

Nous avons déjà signalé les résultats positifs des Conférences constitutionnelles depuis l'initiation du processus de révision en février 1968.

La Conférence constitutionnelle de février 1971 nous semble indiquer clairement que la réforme partielle plutôt que globale offre des possibilités de progrès réels dans l'immédiat.

Sans reprendre les conclusions de cette Conférence une par une, il est important de souligner le progrès substantiel que constitue la signature de ce document par tous les premiers ministres du pays.

La vigueur avec laquelle des milieux séparatistes du Québec ont attaqué le document est un témoignage des progrès substantiels qu'il incorpore. Il serait évidemment illusoire et naïf de penser que des partisans acharnés du séparatisme puissent admettre que les formules de rapatriement et d'amendement constituent un progrès substantiel. Tout progrès dans ce domaine est un revers pour les tenants de cette position. Si au plan de la stratégie, telle tactique peut être compréhensible de leur part, telle position ne semble pas justifiée au plan objectif.

Le but premier de la révision constitutionnelle demeure l'amélioration du fonctionnement du système fédéral. Aucune amélioration ne sera susceptible de satisfaire une minorité qui a clairement rejeté le fédéralisme comme système gouvernemental.

LA FORMULE D'AMENDEMENT

Nous nous proposons d'examiner plus en détail ici la formule d'amendement constitutionnel. Les juristes reconnaissent généralement qu'il existe actuellement deux mécanismes principaux pour amender la constitution.

1°- La première technique serait un amendement voté par la Chambre des communes en Angleterre soit de sa propre initiative, soit à la demande du gouvernement fédéral du Canada.

2°- La deuxième technique, celle qui est conforme à la pratique constitutionnelle, semblerait exiger l'assentiment de tous les gouvernements du pays, suivi de l'adoption d'une loi par le Parlement britannique.

C'est dire qu'en ce moment si le gouvernement central, ou un gouvernement provincial, désirait opérer un transfert de juridiction il faudrait suivre un processus non seulement long et laborieux mais très incertain. Si une seule province s'objecte à un tel transfert, il n'y a rien à faire.

La nouvelle formule d'amendement constitue un progrès substantiel. Les intérêts de la population du Québec sont sauvegardés à deux niveaux. Les représentants élus de la population à l'Assemblée nationale du Québec continueront

à jouir d'un droit de veto sur tout réaménagement constitutionnel affectant l'ensemble du pays. Il est important de
souligner, par ailleurs, qu'il s'agit d'un droit de veto qui ne
pourrait être retiré, quelle que soit la proportion de la population québécoise au sein de la fédération.

Examinons les aspects encore plus positifs de la formule.

1°- Toute modification affectant le gouvernement central
et le gouvernement du Québec pourrait s'opérer du consentement des deux seuls gouvernements en présence. (Il en
serait d'ailleurs de même pour les autres provinces.)

2°- Dans le cas de modifications intéressant toutes les
provinces, l'exigence d'unanimité disparaît. Il faut alors obtenir le consentement du Québec, de l'Ontario, de deux
provinces de l'Ouest représentant 50 p. 100 de la population
des quatre provinces de l'Ouest et le consentement de deux
des quatre Provinces atlantiques.

Droit de veto, consentement des seuls gouvernements en
présence pour une modification d'intérêt à une seule province,
rejet de la formule d'unanimité sont des mesures de nature
à protéger les droits essentiels des francophones du pays, tout
en rendant la constitution plus flexible. Reprocher à la formule
de ne pas donner au gouvernement du Québec le droit d'imposer ses vues de façon péremptoire, c'est tout simplement
une négation du fédéralisme.

LES DROITS LINGUISTIQUES

Au-delà de la formule d'amendement constitutionnel, il
y a eu progrès substantiel du côté des droits fondamentaux
et des droits linguistiques.

En tant que Parti libéral du Canada (Québec), nous favo-
risons le principe de l'extension des droits linguistiques actuels,
que ce soit pour les francophones ou pour les anglophones.
Nous demandons aux autres provinces du Canada de manifester devant leur minorité francophone la même ouverture
que les francophones du Québec manifestent devant la minorité anglophone de cette province. La solution au problème
linguistique réside, non pas dans une réduction des droits
linguistiques, mais dans leur extension.

Une étape importante dans la poursuite de cet objectif
serait l'adoption, par les provinces de l'Ontario et du Nouveau-
Brunswick, de mesures visant à assurer à leurs citoyens fran-

cophones l'exercice des mêmes droits que ceux dont jouissent les anglophones au Québec en vertu de l'article 133 de la constitution actuelle.

3- Les écueils à éviter

A) LE STATU QUO

Nous ne croyons pas qu'une constitution soit un document intangible et immuable et qu'on doive prescrire en principe absolu que « le moins on y touchera le mieux ce sera ».

La sixième ou septième plus vieille constitution écrite du monde avait sans doute quelque mérite. C'est ce qui lui a permis une telle persistance. Mais la durée même ne saurait être tenue comme un argument essentiel.

Nous estimons que l'appareil constitutionnel canadien mérite d'être rénové en plusieurs de ses parties en s'inspirant d'une philosophie nouvelle, plus pragmatique, moins légaliste, et moins conflictuelle. Dans le passé, les explicitations et modifications constitutionnelles ont obéi à des conjonctures d'adaptation *post facto* ou de dégagement de rapports de force. Plus récemment, les conférences fédérales-provinciales ont donné lieu à d'incessantes négociations ou transactions de type conflictuel, sans règles précises. Courantes au plan des relations internationales, ces négociations et transactions ne devraient pas être la dynamique du fonctionnement régulier d'un État fédéral.

Sans évoquer tous les griefs — parfois excessifs ou injustes — qu'on fait à la constitution actuelle, nous voudrions préciser quelques défauts majeurs :

a) Par les lacunes et imprécisions du texte constitutionnel, par le caractère depuis longtemps désuet de sa terminologie, par le flottement des interprétations de ses « zones grises », le pouvoir central et les provinces sont amenés trop souvent à s'affronter lorsqu'ils se décident à occuper, ou à réoccuper, des domaines dont les titres de juridiction ne sont pas clairs. (Il est bien inutile de donner des exemples concrets. Ils sont la substance même du contentieux fédéral-provincial et de diverses disputes qui défraient l'actualité depuis tellement d'années.)

b) Il résulte de cet état de choses des chevauchements administratifs et même des dédoublements de programmes ne procédant pas d'une saine et efficace division du travail, dans un régime fédéral. Personne, à la fin, ne s'y reconnaît plus très bien, les citoyens moyens moins que les autres, qui imputent parfois telle responsabilité ou attribuent tel mérite au mauvais niveau de gouvernement ! Ces dédoublements et chevauchements alourdissent les appareils d'administration aux deux paliers, qui peuvent en venir à la limite à se paralyser mutuellement. Il s'ensuit une certaine diminution du rendement global des impôts. Le Canada apparaît sur-géré administrativement, pendant qu'une somme considérable de temps et d'énergie, qui devrait s'employer plus utilement à du travail de conception et de mise à exécution, se perd dans des querelles administratives stériles.

Au total, nous estimons que la perpétuation du *statu quo* aggraverait ces vices de fonctionnement et même en engendrerait de nouveaux.

Nous croyons donc qu'une attention spéciale doit être accordée aux problèmes du chevauchement des programmes et du double emploi. Par ailleurs, nous ne voulons en aucune façon approuver le simplisme de ceux qui prétendent que le seul fait d'avoir, par exemple, un ministère de la Santé à Ottawa et un à Québec est un scandale. Lorsque les sphères d'activités sont distinctes ou complémentaires, il est clair que l'intérêt des citoyens peut être parfaitement servi.

B) LE « STATUT PARTICULIER »

Nous rejetons l'octroi d'un « statut particulier » ou d'un « statut privilégié » pour le Québec ainsi que les autres doctrines apparentées et encore moins claires des « deux nations », des « deux majorités », des « États associés », etc. Les éléments de ce qui constitue déjà un statut particulier pour le Québec furent des résultantes historiques de la reconnaissance de sa situation de « province pas comme les autres » et non le produit de la poursuite globale d'un tel objectif. Les protagonistes de cette théorie manifestent un pessimisme foncier que nous réprouvons. Ils nient, en pratique, la capacité des Canadiens français d'assurer leur identité culturelle et leur prospérité à l'intérieur du système fédéral canadien. Le fait est d'autant plus paradoxal que, de l'avis même de nombreux observateurs étrangers, jamais, dans l'histoire de la Confédération canadienne, les Canadiens français n'ont eu autant d'influence sur les destinées de l'État canadien.

À supposer qu'une majorité qualifiée des autres provinces permette l'octroi d'un tel statut à l'une d'entre elles, ce que nous ne croyons pas, il faut poser en principe général que ce qui serait gagné au titre de cet hypothétique « statut particulier » pour le Québec, serait automatiquement perdu pour l'ensemble des citoyens québécois, au niveau fédéral. On ne peut gagner en même temps sur les deux tableaux. Un statut dit « particulier » ne se conçoit que comme privilégié ou inférieur. Comme il est hors de propos que les tenants du statut particulier le réclament pour inférioriser le Québec, il faudrait qu'ils se rendent compte que les « privilèges » octroyés par l'État du Québec seraient autant de moyens d'action perdus au plan de l'État central.

Il en serait de même au sujet des agents politiques aux deux niveaux de gouvernement. Citoyens « privilégiés » dans le cadre du statut particulier propre au Québec, les Québécois deviendraient des citoyens en quelque sorte défranchisés en ce qui concerne l'État central, car les députés-législateurs fédéraux, les administrateurs et les juges d'origine québécoise exerçant des compétences fédérales n'auraient plus, au niveau central, que des pouvoirs (législatifs, administratifs ou judiciaires) tronqués, contestés, voire même niés. Bref, nos députés, administrateurs et juges auraient à leur tour un « statut particulier » inverse, c'est-à-dire défavorable et cela en des matières affectant la situation fédérale du Québec, qui serait toujours plus large que le faisceau des compétences spéciales constituant ce statut privilégié.

Toujours dans l'hypothèse où les autres partenaires de la Confédération permettent l'octroi d'un tel statut au Québec, ce qui, encore une fois, nous apparaît d'un irréalisme total, nous soutenons que l'application des divers pouvoirs selon cette formule hybride, non seulement ne réglerait rien mais serait encore génératrice de tensions et de rivalités nouvelles entre les trois classes ou degrés de gouvernement : 1°- pouvoir central, 2°- province(s) qui a (ont) un statut particulier, 3°- autres provinces. On imagine aisément quelle gabegie législative et administrative sortirait des chevauchements et dédoublements à un triple « niveau » de gouvernement.

Irréalisable par le non-consentement probable des autres provinces, la formule du statut particulier en faveur du Québec (même si elle était en principe ouverte à d'autres provinces...) serait dans les faits impraticable. Elle engendrerait des vices de fonctionnement plus graves que les difficultés actuelles, auxquelles elle prétend remédier. Enfin, elle n'aurait aucun effet de stabilisation de la fédération canadienne ni de consolidation de la situation de la « province pas comme les autres ».

Une telle formule nous apparaît la fausse solution de suppléance de ceux qui ont peur de relever le défi canadien mais qui n'osent prôner l'aventure de l'option séparatiste. Il ne faut pas se dissimuler que l'évolution normale d'une telle tendance aboutirait, par la négation du principe dualiste, à détruire à plus ou moins long terme l'ensemble de la structure fédérale. Un regroupement, dans le sens unitariste, des provinces sans statut particulier serait tout au moins autant prévisible que l'indépendance du Québec. En une telle conjoncture, le Québec se verrait coincé, dans l'exercice même de son statut particulier, entre deux ordres de gouvernement. Cela équivaudrait à créer un troisième niveau de gouvernement, comme nous l'avons déjà mentionné. La formule du statut privilégié ne résiste pas à l'analyse et va à l'encontre de l'intention de ceux qui la proposent.

Si nous récusons la théorie du statut particulier comme guide de la réforme constitutionnelle, nous croyons aussi que certains éléments de l'actuel statut particulier du Québec doivent être abandonnés. Ainsi au plan linguistique, nous ne voyons aucune justification pour refuser à la minorité francophone du Nouveau-Brunswick ou de l'Ontario les garanties constitutionnelles dont bénéficie la minorité anglophone du Québec.

C) LA LIMITATION DU DÉBAT AU SEUL PROBLÈME DU PARTAGE DES JURIDICTIONS

Le troisième écueil qui menace de vider le débat en cours d'une partie importante de sa signification, réside dans la tendance de plusieurs à limiter leurs préoccupations au partage des juridictions entre les deux niveaux de gouvernement.

Le débat constitutionnel débouche pourtant directement sur le type de société que veulent édifier les Canadiens et, particulièrement les Québécois. Certes, il serait téméraire de vouloir inclure dans la constitution, que ce soit celle du pays ou celle de la province, la totalité des choix politiques qui conditionnent l'évolution d'une société. Par ailleurs, la refonte des textes constitutionnels est une occasion privilégiée, pour les citoyens comme pour les partis et les hommes politiques, de repenser la structure et le fonctionnement des principales institutions de la société politique. Ce n'est point un hasard que le débat constitutionnel ait entraîné des remises en question quant au rôle et à la composition des institutions comme le Sénat et la Cour suprême. Il en est de même pour le débat sur l'opportunité d'inclure dans la constitution une charte des droits du citoyen.

Constatant, quant à nous, les remises en question auxquelles s'appliquent particulièrement les jeunes, nous souhaitons que la réforme constitutionnelle soit l'occasion d'un débat en profondeur sur tous les aspects de la vie démocratique de notre pays. Accroître la participation des citoyens à la gouverne de la société, dans une période où les progrès technologiques bouleversent, parfois à un rythme vraiment essoufflant, la marche des institutions, voilà un défi qui est à la hauteur du dynamisme des jeunes de tous âges (car il y a de jeunes vieux).

4- *Notre position fondamentale*

Nous croyons que le fédéralisme est le système constitutionnel le plus apte à favoriser l'épanouissement du Canada français face aux énormes pressions culturelles et socio-économiques du continent nord-américain.

Le Canada est une protection indispensable à notre condition de francophone mais encore plus un instrument de développement et de rayonnement.

Le système fédéral nous permet de mettre en commun nos énergies et nos ressources pour faire face aux défis de l'ère post-industrielle et de répondre :

a) aux exigences des particularismes régionaux,

b) au désir des citoyens de participer à la vie politique du pays,

c) à la volonté des francophones de s'épanouir.

Le P.L.C. (Q.) s'inscrit en faux contre ceux qui prétendent que le système fédéral est moins efficace que la balkanisation.

Un fédéralisme fort implique des gouvernements provinciaux forts. Les gouvernements provinciaux doivent donc disposer des moyens nécessaires pour s'acquitter de leurs responsabilités. Par ailleurs, le fédéralisme est impensable et voué à l'échec sans un gouvernement central puissant et efficace qui puisse promouvoir l'intérêt de l'ensemble des citoyens.

Il importe de souligner que l'objectif poursuivi ne doit pas être de plaire ou de déplaire aux séparatistes. Aucun compromis ne pourra satisfaire ceux qui ont intérêt à ce que le fédéralisme ne fonctionne pas. Il est clair que les séparatistes sont opposés à toute réforme qui améliorerait le système fédéral puisque de tels développements ne peuvent que saper leur propre crédibilité.

Une tension honnête entre les deux systèmes de gouvernement ne peut que profiter aux citoyens de ce pays. Cette émulation est profitable, tout comme la compétition entre les partis politiques. Chacun lutte pour obtenir l'appui des citoyens.

Au début des années 60, le gouvernement du Québec était un gouvernement éclairé et actif alors que le gouvernement fédéral marquait le pas. Plus tard, la situation était inversée. Le fédéralisme a bien servi les Québécois dans ces circonstances.

Notre société a su tirer profit de cette tension honnête. Certains prétendent qu'un tel système équivaut à l'érection d'une maison de fous. Quelle est l'alternative ? La décision totalitaire des uns ? Nous croyons plutôt que la libre transaction à laquelle donne lieu cette tension honnête peut être source de progrès et productrice d'un nouveau consensus démocratique, ce qui n'implique pas qu'elle puisse être considérée comme le principe moteur du système.

D'autre part, il faut avoir la franchise et la lucidité de reconnaître que la tension dont nous parlons a aussi prêté à des abus. Nous songeons en particulier à la fâcheuse tendance qu'ont certains de transposer au plan constitutionnel toutes les difficultés politiques qu'ils ont à résoudre. La constitution a souvent servi de bouc émissaire.

Mais ce sont là des accidents de parcours qui ne changent pas le cheminement essentiel du fédéralisme.

NOTRE PRINCIPE DIRECTEUR

Il ressort de ce qui précède que le principe directeur de notre pensée est *le bien-être du citoyen*. Toute constitution, pour satisfaire à cette prémisse, doit rendre possible la réalisation des aspirations les plus profondes du citoyen, non celles des gouvernements.

Ce critère doit être tempéré par la réalité socio-économique dans laquelle il s'inscrit. Si nous considérons la réforme constitutionnelle comme un processus évolutif c'est qu'il est impossible de prévoir l'effet du progrès technologique et de l'évolution sociale sur le rôle global de l'État non plus que sur le partage des responsabilités entre les divers niveaux de gouvernement.

L'existence au Canada de deux groupes linguistiques dont chacun pourrait porter atteinte à l'existence même du Canada comporte certaines exigences. La réalité linguistique démontre clairement que le Québec n'est pas une province comme les autres et que même si la province de Québec jouit des mêmes pouvoirs que les autres provinces, elle exprimera sa réalité d'une façon différente. Le critère du bien-être du citoyen doit être compris dans ce contexte.

Le gouvernement fédéral, seul gouvernement à représenter tous les francophones du pays, y compris les francophones du Québec, doit aborder la réforme constitutionnelle dans cet esprit. On ne saurait réduire une démarche aussi importante à des images de victoire ou de défaite pour l'un ou l'autre des niveaux de gouvernement. Le seul véritable gagnant doit être le citoyen.

Nous préconisons la réforme permanente du régime fédéral canadien par la reconnaissance d'un nouveau principe supérieur de distribution des pouvoirs et de répartition des compétences. La valeur devant sous-tendre ce principe est le besoin d'une réaffirmation de l'État canadien.

Dans le contexte évident d'un risque de domination croissante de l'économie et de la culture américaines, il nous faut accroître le rendement de notre économie grâce à une meilleure coordination des efforts à tous les paliers de gouvernement.

Ce nouveau principe directeur du réaménagement des compétences et responsabilités entre l'autorité centrale et les provinces ne saurait s'imposer dans l'absolu, quelque part sur un continuum abstrait : « centralisation-décentralisation ».

Le fondement d'un tel principe serait la valeur prioritaire du mieux-être effectif des citoyens de toutes les régions du Canada et non l'appétit de machines administratives concurrentes et qui se considèrent comme rivales. La proclamation de ce principe n'a rien de platonique à un moment où le rôle général de l'État a augmenté au point qu'il n'est plus guère possible pour le gouvernement fédéral d'exercer ses pouvoirs sans affecter les programmes provinciaux, ni pour les gouvernements provinciaux d'occuper le champ de leur juridiction sans affecter à l'inverse les politiques fédérales — et cela sans même tenir compte du fait que les obscurités constitutionnelles ont servi de prétexte ou même d'incitation pour établir des systèmes administratifs se chevauchant ou se dédoublant comme il a été dit ci-dessus.

La norme fondamentale pour décider d'une nouvelle distribution des responsabilités et tâches gouvernementales serait constituée de la réponse à une double question portant sur la nature des besoins socio-économiques ou culturels et sur l'identification de l'autorité publique la plus apte à remplir ces besoins.

a) Quels sont les besoins ? Leur nature, leur étendue ? Quels progrès veut-on marquer à court, moyen ou long terme ? Ou selon une aire régionale (correspondant ou non au territoire d'une province), trans-régionale ou pan-canadienne ?

b) Quel est l'organisme gouvernemental le plus apte à remplir ces besoins, à marquer des progrès sur l'étendue du territoire considéré ? Ou quel est celui qui est le plus apte à prendre l'initiative, quitte, après consultation suffisante, à s'en remettre au plan de l'exécution à la collaboration d'autres autorités, mais toujours en concertation constante ?

La réponse sera variable d'un champ spécifique à l'autre : tantôt c'est l'autorité centrale, tantôt c'est une ou quelques autorités provinciales qui paraîtront « l'organisme le plus apte » à la satisfaction des besoins. Nous précisons que l'antériorité de l'occupation de tel champ par une autorité publique qui en a pris l'initiative, parfois à titre de suppléance, non plus que les prétentions de telle autre pour occuper un champ qui lui échappe encore, ne sauraient être tenues comme critère de détermination du plus apte.

Il est des cas où le critère de la plus grande aptitude permet d'en arriver assez facilement, sinon à une certitude, du moins à une bonne hypothèse de travail : (les processus de développement global et d'équilibration de l'économie nationale à l'autorité centrale ; l'application des diverses politiques sociales aux autorités provinciales). Il est des cas moins évidents, mixtes ou variables que nous proposons de réexaminer à la lumière de ce principe directeur. Dans le passé, ces examens se faisaient mais de façon sporadique, souvent à l'occasion de conflits, en invoquant des « droits acquis » ou des « droits violés », en référence souvent étroite à la lettre constitutionnelle plutôt qu'à l'esprit du fédéralisme. Il s'est trouvé qu'en maints domaines, l'autorité centrale a joué un rôle d'avant-garde dans l'élargissement des objectifs sociaux de l'État et dans l'établissement de standards nationaux. Il se trouve maintenant qu'avec le développement d'une conscience politique mieux avertie et plus exigeante et l'établissement de plus fréquentes communications fédérales-provinciales, l'autorité centrale sera moins fondée à exercer, seule ou par anticipation, ce rôle de pionnier. Enfin, nous ajoutons que la *politisation* graduelle de la vie sociale et économique devrait servir de premier terrain d'expérimentation pour rechercher « l'organisme le plus apte », ce qui n'impliquerait pas qu'on fermerait le dossier des affaires litigieuses pendantes en un *statu quo* que nous avons considéré au début comme insatisfaisant. Nous voulons simplement attirer l'attention sur le fait qu'il devrait être moins malaisé, au départ, de rendre opérant le principe directeur en des « matières fraîches », au sujet desquelles ne se pose pas le problème des droits acquis ou des précédents.

L'attitude fonctionnelle que nous préconisons exigera un certain esprit d'abnégation et une largeur de vues que devraient soutenir un instinct de conservation mutuelle, ou mieux encore, une perception claire de notre solidarité dans les cadres de la fédération canadienne. Il y aurait aussi lieu de s'inspirer de diverses techniques et modalités de fonctionnement que le fédéralisme a déjà permis d'expérimenter ailleurs.

En bref, nous estimons que les *pouvoirs* sont corrélatifs aux *fonctions* efficacement remplies dans la satisfaction des *besoins* clairement identifiés et évalués.

INDEX

LISTE ALPHABÉTIQUE DE NOMS CITÉS

Les pages indiquées en caractères gras sont celles où l'auteur propose un portrait ou du moins une esquisse des personnes nommées.

SOMMAIRE

Achevé   Imprimerie
d'imprimer Gagné Ltée
au Canada Louiseville